후퉁(胡同)

후통(胡同)

발행일	2019년 9월 19일

지은이	심종범		
펴낸이	손형국		
펴낸곳	(주)북랩		
편집인	선일영	편집	오경진, 강대건, 최예은, 최승헌, 김경무
디자인	이현수, 김민하, 한수희, 김윤주, 허지혜	제작	박기성, 황동현, 구성우, 장홍석
마케팅	김회란, 박진관, 조하라, 장은별		
출판등록	2004. 12. 1(제2012-000051호)		
주소	서울시 금천구 가산디지털 1로 168, 우림라이온스밸리 B동 B113, 114호		
홈페이지	www.book.co.kr		
전화번호	(02)2026-5777	팩스	(02)2026-5747

ISBN	979-11-6299-861-8 03910 (종이책)	979-11-6299-862-5 05910 (전자책)	

이 도서의 국립중앙도서관 출판예정도서목록(CIP)은 서지정보유통지원시스템 홈페이지(http://seoji.nl.go.kr)와
국가자료공동목록시스템(http://www.nl.go.kr/kolisnet)에서 이용하실 수 있습니다.
(CIP제어번호: CIP2019036307)

(주)북랩 성공출판의 파트너

북랩 홈페이지와 패밀리 사이트에서 다양한 출판 솔루션을 만나 보세요!

홈페이지 book.co.kr • **블로그** blog.naver.com/essaybook • **출판문의** book@book.co.kr

중국을 통찰하는 17가지 키워드

후_胡
통_同

겉만 봐서는 실체를 파악하기 힘든 중국.
　　중국경제를 전공한 대학교수가 골목길을 누비듯
중국의 이면을 파헤친다.

심종범 지음

북랩 book Lab

머리말

중국 도심에는 양쪽에 담벼락이 있는 골목길이 간혹 있다. 골목길은 어릴 적, 술래잡기를 하고 해 질 녘까지 세상모르게 뛰놀던 공간이자 마음의 고향이다.

중국어로 이를 '후퉁(胡同)'이라고 한다. 등하굣길로 북적이기도 하고 자전거가 스쳐 지나고 이웃끼리 만나서 수군대기도 하고 하릴없는 아저씨가 담배 한 대 물고 행인을 구경하는 곳이다.

아무것도 알 수 없는 곳 같은데 모든 소식이 전해지는 소통의 공간! 저녁 무렵 볶음요리 냄새가 가득하고 옆집 신혼집의 다투는 소리마저 정겨운 골목길이다.

나는 후퉁을 엿보듯이, 체험한 내용과 함께 중국의 각 분야를 마음 가는 대로 적어 보았다. 중요한 문제에 대해 어떤 정

후퉁(胡同)

답을 내리거나 꾸미고 싶지 않았던 내 주관적이고 심심한 글쓰기의 산물이다. 따라서 이 책을 읽는 이가 누구의 감흥도 기대하지 않고 그저 이곳에서 저곳으로 건너가기 위한 골목길 후통처럼 관통해 가듯 읽었으면 한다. 읽고 난 후 후통을 지나다가 스쳐 지나간 사람의 생경한 얼굴 하나가 떠오를지도 모른다.

그것이 어린아이의 해맑은 얼굴인지, 짙게 화장한 아가씨인지, 넥타이를 맨 중년 신사인지 개인마다 다를 것이다.

나는 중국에 대해 잘 모른다. 그리고 앞으로도 잘 모르는 이웃 나라로 남겨두고 싶다. 누군가 이 글을 읽고 큰 개울의 이편에서 저편으로 가는 많은 징검다리 중에서 하나 정도 디뎠다고 생각한다면 감사할 따름이다.

차례

머리말   004

:: 중국 경제의 개략과 비즈니스   008

:: 중국 내수시장만으로 부자 되기   013

:: 중국 발전, 도시화가 정답인가?   025

:: 중국, 물류로 통한다!   038

:: 중국, 부동산으로 돈 벌기   046

:: 모방은 창조의 어머니   054

:: 협상의 달인   060

:: 협상에서 밀리지 않는 덩샤오핑   070

:: TV, 잔치처럼 시끌벅적하게   081

:: 성당(盛唐)으로의 회귀   **085**

:: 위안화 국제화, 공산당의 치적!   **092**

:: 중국, 창업으로 돌파하라!   **103**

:: 중국, 알록달록 문화의 다양성   **109**

:: 중국의 군사력과 타이완   **116**

:: 중국 공산당   **124**

:: 정책의 빠른 변화와 예측불가성   **131**

:: 중국 종교   **138**

중국 경제의 개략과 비즈니스

    중국의 고대 경제사를 크게 세 기간으로 나눌 수 있다. BC 221년 통일 진나라 이전의 군주 국가 시대와 통일 진나라에서 송나라 시대, 그리고 원나라에서 청나라 말기로 나눌 수 있다. 중국은 역사적으로 수천 년 동안 번영과 쇠락의 파도 같은 사이클을 보여 왔는데 BC 200년부터 AD 1800년까지 약 2천 년 동안 세계에서 가장 큰 경제 대국이었다. 또한, 15세기까지 국민 소득이 가장 높은 국가였다. 근대에 와서는 1800년

대 중반까지 경제 대국이었다. 1800년대 말부터 산업혁명으로 인한 서구 열강이 세계경제사에서 선두로 나서기 시작했다. 상대적으로 근대화가 늦었던 중국은 서구 열강의 침략을 받으면서 비자발적 근대화의 과정 속에서 전쟁과 경제 침탈로 인해 피폐해졌다.

1949년 사회주의 신봉자들에 의해 신중국이 성립된 후에 서구 열강은 자본주의적 산업 성장을 거듭하였으나 중국은 획일적인 사회주의 계획경제의 시험 과정에서 경제는 더욱 낙후되었다. 급기야 이념 논쟁과 마오쩌둥의 교조주의 소용돌이가 몰아친 문화대혁명 시기에는 경제 상황은 최악으로 치달았다.

1970년대 후반부터 대외개방과 수출무역의 신장으로 경제가 급속히 회복되기 시작했다. 이후 50여 년 동안 중국은 과거의 실패를 교훈 삼아 매우 신중하게 개방과 개혁을 진행해 왔다.

개혁개방 초기의 중국의 경제성장 방식은 값싼 노동력과 외국자본의 결합에서 시작되었다. 덩샤오핑은 실사구시의 기본 방침에 따라 과거에 연연하지 않고 일본을 포함하여 외국의 자본 유치를 적극적으로 추진했다. 그러나 외국 자본의 중국 시장 유입이 자본 식민지화를 초래할 수 있다는 경계 심리는 중국 정부의 자국 시장에 대한 보호주의적 태도를 낳았다. 대부분의 산업에서 합작 투자 시에 소유권 지분 비율을 중국 측이 많이 가지도록 규정했다. 이는 중국 시장에 대한 매력을 기반으로 외자를 유치하지만 '빅 마켓'에서의 주도권을 놓치지 않겠다는 의지에서 비롯되었다.

1단계로 값싼 노동력으로 외자를 유치했고, 2단계로 큰 시장으로서 기술과 인재를 유인하고 있는 것이다. 그러나 빠른 성장 속에서 한편으로 어둠의 면면도 드러나고 있다.

글로벌 비즈니스의 핵심가치는 이익 획득 이전에 당사자 간의 신뢰이다. 중국과 비즈니스를 해 본 사업자들은 대체로 중국이 사업하기 어려운 나라이고 신뢰성이 낮다고 평가한다. 파트너로서도 자주 일본 기업인들과 비교되며 믿음이 가지 않는다고 한다. 미국인들이 자주 하는 말로 컨트렉트 이즈 컨트렉트(contract is contract: 계약은 계약이다)라는 말이 있다. 한 번 계약한 것은 쉽게 바꾸거나 위반할 수 없다는 것이다. 이런 방면에서는 중국은 불신감 넘치는 파트너로 악명이 높다. 아무리 계약을 엄중하게 했더라도 상황이 바뀌면 말을 바꾸는 일이 다반사다. 상대적으로 일본 기업인은 거의 그런 경우가 드물다고 한다. 여러 경로로 들은 이야기지만 다수가 말하기에 그렇게 여겨진다. 이런 불신의 평가는 장기적으로 중국 비즈니스인에게 불리할 수 있다.

그러나 절대다수의 중국인이 불신의 아이콘은 아니다. 오랫동안 사귈수록 그 불신은 점점 옅어지고 오히려 신뢰의 새 지평이 열린다. 신뢰관계의 지평이 확고해지면 혈연관계에 버금가는 관계가 형성되기도 한다.

필자는 중국인 친구가 많지 않다. 지인은 많지만 진정한 친구라고 말할 만한 사람은 한 명이 있다. 그는 북경 경무대학에서 같이 공부한 고향이 구이양(贵阳)인 친구이다. 나와 나이 차이가 많이 나는데도 나를 형님으로 부르는데 10년이라는 세월이 걸렸다. 그래서 나는 몇 번 안 본 사이에 맘에 든다고 서로 호형호제하는 사람을 좀 가볍게 보게 된다.

중국인의 경우 조폭 사회가 아니라면 외국인을 형이라고 부르는 것은 정서적으로 쉽지 않다. 중국인과 장시간 사귀면서 마음을 열고 믿을 수 있는 친구가 된다면 중국의 새로운 모습을 접할 기회가 더욱 많아진다.

후통(胡同)

중국 내수시장만으로 부자 되기

중국은 수출에서 내수 중심의 성장 전략을 펴고 있다. 그러나 최근의 중미 무역전쟁으로 중국은 경제적 타격을 받고 있다. 이를 보면 내수시장만으로 중국이 성장을 지속하기에는 시기상조인 듯하다. 수출의 지속적인 유지와 내수의 성장이라는 두 바퀴가 같이 잘 굴러가야 한다는 것이다.

중국 시장이 변화하고 있는 것은 분명하다. 중국 시장이 글로벌 제조공장에서 글로벌 소비시장으로 변화하고 있다. 중국은 제10차 경제개발 5개년 계획(2001~2005년)의 초기부터 내수의 지속적인 촉진을 경제성장을 위한 중요한 과제로 인식해 왔다. 2008~2009년 사이의 세계 금융위기로 중국의 주 수출 대상국인 미국을 비롯한 선진국의 경기가 급속히 위축됨에 따라 중국의 수출산업이 타격을 받았었다. 당시 중국의 수출 감소 원인은 비단 수출대상국 소비자들의 구매력 약화뿐만이 아니라 중국 기업의 수출 채산성이 아시아의 신흥 국가들에 비해 저하되고 있기 때문이다.

중국 정부가 외자 기업에 대해 최저임금의 준수와 임금 인

후통(胡同)

상을 유도하고 있다. 북경시 대졸 신입사원의 평균임금은 7천 위안 수준이다. 원화로 환산하면 130만 원가량이 된다. 우리 나라에 비해 적은 급여 수준으로 보인다. 그러나, 물가 수준이 1/2로 추정할 때 역산하면 원화로 260만 원 정도이다. 한국의 연봉 3천만 원이 넘는다. 사회 초년생에게 적은 돈은 아니며 한국과 비교해도 중등 소득수준은 된다. 그런데 도심의 주택 임대료는 한국과 맞먹고 있어 사회 초년생에게 큰 부담이 된다. 도시 주변 빌딩의 지하 빈민가에서 생활하는 회사원들이 많다. 농민공보다는 생활여건이 낫지만 외지 출신 사회 초년생은 주택문제로 귀향하는 사례가 많다.

필자의 중국인 학우는 대학원을 졸업 후 잠시 북경시에 거주하다가 결국 고향인 구이양(贵阳)으로 돌아갔다. 북경에서 명문대를 나왔기에 고향의 국영기업체에 입사해 몇 년 뒤 간부로 승진했다. 자연히 아파트도 마련할 기회를 얻고 결혼해서 안락한 생활을 하고 있어서 다시 북경에 돌아갈 생각은 없다고 했다.

중국은 근년에 수출증진을 위해 다각적인 노력을 경주했으나 대내외적인 한계를 인식하고 지속성장을 위한 새로운 성장

동력으로써 국내 수요의 신장을 거시적으로 도모하고 있다. 2009년 동안 세계 선진국의 경제는 금융위기의 충격에서 완전히 벗어나지 못했지만 중국은 적극적인 내수 진작의 결과로 국내소비가 증가함으로써 경기 침체에서 벗어났었다.

최근 중국 당국의 내수 진작 정책 추진은 글로벌 경기 침체의 영향을 최소화하고 국내 경기를 유지하려는 방어적 의미 외에 몇 가지 함의를 지니고 있다.

첫째, 분배 중심의 사회주의 경제 이념의 실천적 의미를 갖는다. 이는 내수 진작을 통한 '성장 우선' 정책에서 '분배를 고려한 성장'으로의 전환으로써 정부 주도의 빈부격차 축소를 위한 구체적인 분배정책의 일례이다. 판매보조금 지원정책으로 대변되는 농촌 지역의 소비 확대정책은 가전제품만이 아니라 자동차와 같은 고가의 내구성 소비재까지 확대되고 있다. 이러한 특정 지역이나 계층을 상대로 한 지원정책은 빈부격차의 해소를 위해 중국 당국이 필요에 따라 사회주의적 분배를 적용할 수 있음을 보여 준 사례이다.

중국이 내수 진작을 위해 가시적 조치를 취하기 시작한 시기는 11차 5개년 경제개발계획(2006~2010, 이하 11.5. 계획)의

후통(胡同)

초기 단계이다. 11.5. 계획 입안 과정에서 중점적으로 다루어진 과제 중의 하나는 지역, 도농, 개인 간의 소득 격차의 심화와 실업의 증가에 대한 대응 방안을 마련하는 것이었다. 이는 1978년 개혁개방이래 '선부론'을 필두로 견지해온 성장 지상주의로 인한 문제가 사회불안으로 연결될 가능성이 높았기 때문이다.

중국의 빈부격차 해소라는 정책적 수요에 의한 내수촉진은 대대적인 재정지출이 예견되어 왔다. 최근의 글로벌 경기 침체로 인한 세계 수요의 격감이 내수 진작을 위한 재정지출의 실행을 구체화하고 앞당기는 역할을 하였다.

둘째, 주 성장 동력의 이원화를 의미한다. 최근까지의 수출 편향적인 산업구조를 조정하고 내수를 성장 동력에 편입시키는 것은 거시적으로 선진국형 내수 중심 성장 구조로 경제 시스템을 전환하는 것이다. 중국 당국은 2004년 12월부터 '외자 상업기업'의 설립을 허용함으로써 외자의 용도를 수출기반 확대에서 내수 증진의 촉매로의 전환을 유도하는 조치를 취했다.

셋째, 산업구조의 개편을 촉진시키는 의미가 있다. 중국 당국은 수출산업에서 가공무역을 줄이며 고부가가치 산업을 중점 지원하며 내수 시장에서 기업합병과 구조조정을 통해 기업의 글로벌 경쟁력을 키우기 위해 노력하고 있다.

수출이 견인하는 성장 방식에 대한 비판적 가설은 '과연 모든 나라가 전적으로 타국의 수요 증가에 의존하여 성장할 수 있는가?'이다. 글로벌 경제의 본질은 국가 간 자유무역을 통한 총수요와 총공급의 구조적 재편을 요구하므로 글로벌 경쟁력이 낮은 국가는 상황에 따라 산업별 보호무역을 실행하기도 한다.

한편 중국은 1978년 개혁개방 이전에는 구소련으로부터 계획경제의 불완전성을 경험적으로 학습하였으며, 이후에는 서구 자본주의 제도의 선택적 접근과 점진적 적용을 통해 시장경제의 중국화를 이행해 왔다. 지금까지 중국은 1990년대의 아시아 국가들의 성장을 국제적 분업화를 통해 설명할 때 안행 모델(雁行 모델: Flying Geese Model) 대열의 후위에 위치해 왔으나 2000년대에 와서 고부가 기술을 중심으로 산업구조를 재편하고 있다.

이는 중국이 안행 대열의 선두로 이동하여 아시아 경제를 주도하며 베트남, 인도네시아, 캄보디아 등 아시아 국가들이 기존의 중국의 위치를 대체하게 되는 것을 의미한다.

현재 중국이 실행하고 있는 재정지출을 통한 내수 진작의 성공을 위해서는 몇몇 전제 요건이 필요하다.

첫째, 국가 재정이 양적으로 충분해야 한다. 국가 재정 상태가 양호하며 경기 상승면으로의 회귀 시점까지 투입 여력을 가지고 있어야 한다.

둘째, 재정의 질적인 안전성이 보장되어야 한다. 재정의 구성 중 단기 차입이 많을 경우 재정 운영이 제한적일 수 있다.

셋째, 재정지출의 유효성을 확보해야 한다. 투입된 재정이 투자 대상 분야와 항목에서 목표로 하는 유효한 결과를 나타내어야 한다.

넷째, 물가의 안정이 수반되어야 한다. 소비자 물가의 상승은 재정지출 효과를 반감할 수 있다.

다섯째, 거시적으로 국민의 가처분 소득 증가에 실제적 영향을 주어야 한다.

재정지출에 의존한 소비의 진작은 시장 외적 요인의 의존도를 심화하여 지속될 경우 경상수지의 만성적 적자에 이를 수 있다. 따라서 내수 진작 정책이 실효를 거두기 위해서는 국민 소득의 증가를 위해 내수 기반의 다양한 산업이 경쟁력을 갖추고 부가가치를 창출할 수 있는 공급과 투자 부문에서의 개선이 동반되어야 한다. 또한 외국자본과 기술을 수출산업의 진흥에서 내수시장의 신장을 위해 유도하는 전략이 필요하다.

현재까지의 중국 경제의 진행 상황으로 볼 때 중국은 상기의 내수 진작 성공을 위한 전제조건에 대부분 부합하거나 부합할 가능성이 높은 것으로 보인다. 중국은 향후 상기의 문제를 포함하여 다음과 같은 제반 문제점을 내포하고 있으므로 긴밀한 대응이 요구된다.

첫째, 단기적인 실업률 증가가 사회불안 요인이 될 수 있다. 수출의존도가 높은 산업을 주로 영위해 왔던 중국 기업이 단기간에 내수를 향한 기업으로 체질을 변화하는 것은 어렵다. 수출수요 감소에 따른 생산설비 조정과 제품 조정 등으로 인력 구조의 변화가 불가피하다.

둘째, 신규대출 급증과 시장의 유동성 증가로 인해 공공요금의 인상을 필두로 물가 상승을 유발할 경우, 경제성장에 따른 국민들의 가처분 소득 증가 효과가 반감하여 재정 지출 효과가 초기에 비해 약화될 수 있다.

셋째, 소비자금융 산업의 활성화에 따른 신용카드 부실이 증가하고 있어서 금융권의 자산 안전성에 부정적 영향을 미칠 수 있다.

넷째, 중국의 수요로 인한 국제 원자재 가격의 지속적인 상승이 중장기적으로 국제상품 가격의 인상을 야기할 가능성이 있다.

상기에서 언급한 몇몇 우려에도 불구하고 중국은 향후 2~3년간의 내수 중심 정책의 시험기를 성공적으로 거치면 중국의 민간 소비지출 규모는 대폭 신장될 것이다. 그 이유는 정부가 정책적으로 민간 소비의 역할을 확대하기 위해 지속적으로 노력하는 것 외에도 도시화율의 진전으로 민간 소비 규모가 더욱 확대될 것이며, 인구구조에서 비경제활동 인구의 증가 등으로 저축 여력이 감소할 것이기 때문이다. 중국의 산업구조는 1차 산업의 생산성 향상, 2차 산업의 고부가가치화, 3차 산업의 영역 확대를 지향하고 있다.

향후 중국에서 가공무역을 위한 노동 의존도가 높은 기업의 경쟁력은 급속히 하락할 것으로 보인다. 또한, 산업의 고부가가치화와 서비스 산업의 영역 확장은 통합적 경쟁력 구비를 위한 기업 규모의 거대화를 촉진할 것이다. 이에 따라 중국 내의 외자 기업들도 노동 집약형 산업에서 기술집약형 산업으로의 전환이 불가피할 것이며 R&D 투자를 통한 중국의 산업 전반의 솔루션(Solution) 시장의 선점 경쟁 또한 치열할 것으로 보인다.

또한 중국 내수를 지향하는 한국 기업 간의 마케팅 노하우의 공유가 필요하며 특히 중소기업이 중국 내 시장점유율을 확대해 나갈 수 있도록 한국 당국의 중국 진출 중소기업을 위한 다각적인 정책이 개발되고 지원되어야 할 것이다.

중국 중산층은 급증하는 가계부채와 실업 문제로 어려움을 겪고 있다. 중국의 가계부채는 주택 담보대출과 카드대출을 합하여, 2008년 이후 빠르게 늘어나 중국 국내총생산(GDP)의 52%에 달하는 수준으로 높아졌다고 프랑스의 한 투자은행이 밝혔다.

중국 가계부채의 증가 속도는 기업 부채나 정부 부채의 증가 속도보다 빠르게 나타나고 있다. 특히 개인의 급증하는 카드 대출로 인한 가계 불안정은 큰 문제로 부각되고 있다. 카드 부채는 2008년 글로벌 금융위기 직전 미국의 카드 대출 비중보다 높은 수준이다.

현재 중국에서는 산업구조조정을 진행해 오는 과정에서 전통 제조업을 중심으로 인력의 재배치가 이루어지고 있다. 제조업뿐만이 아니라 최근 급성장한 IT기업들도 인력 감축을 중심으로 한 구조조정이 진행되고 있어서 청년취업 부문에 악영향을 미치고 있다. 중국의 가계부채 문제와 함께 더욱 심각한 것은 미중 무역전쟁으로 인해 경기 침체가 장기적 양상을 보이면서 수출 중심의 제조업에서 고용인력 창출이 더욱 어려워질 수 있다는 것이다.

중국 정부는 1천만 개 이상의 신규 일자리 창출을 위해 애쓰고 있지만, 2019년 경제성장률을 지난해 6.6%보다 낮은 6.0~6.5%로 제시하고 있다. 나아가 수출 채산성 악화에 따른 손실을 보전하고 국내 산업에 대한 충격을 완화하기 위해 미 달러 대비 위안화 환율이 달러 대비 7.0 이상 오르는 것을 허용하고 있다.

이는 미국의 중국 수입품에 대한 관세율 인상을 대응하기 위한 전향적 조치이다. 중국은 관리변동환율제라는 환율조정 정책을 시행하고 있는데, 미국은 중국의 이 같은 환율개입에 대해 '환율조작국'으로 규정했다.

중국과 미국의 무역전쟁으로 글로벌 경기의 장기적인 침체가 우려되고 있다. 수출채산성의 감소는 거래 국가의 소득 감소로 이어지고 수입 물가의 상승과 더불어 개인의 가처분 소

득이 감소하는 연결고리를 낳고 이는 글로벌 경기 침체의 어
두운 그림자로 나타나고 있는 것이다.

중국 발전,
도시화가 정답인가?

　도시화율은 전체 인구 중에 도시에 사는 인구의 비율을 말한
다. 중국 정부는 도시화를 경제성장의 중요한 통로로 생각한
다. 후커우(户口) 기준으로만 보면 50~60% 수준의 도시화율
을 가지고 있다. 이 수치는 40~50%가 농민이라는 것을 의미
하지는 않으며 보다 많은 숫자의 농민이 있다.

　농민공들의 도시 거주가 유동적이므로 도시화율은 통계적
으로 정확하지는 않다. 도시의 기준도 모호하다. 단순히 인구

후통(胡同)

규모로 따질 수 없고 사회 인프라가 구비되고 행정구획에서 시(市)급 이상이 되면 도시라고 할 수 있다. 중국을 여행하다 보면 도시를 벗어나자마자 광활한 농촌지대를 만나게 된다.

중국에서는 도시를 성진(城镇) 혹은 성시(城市)로 표현한다. 진(镇)은 타운(town)을 의미하며 성시(城市)는 시(city)를 뜻한다. 시는 그 규모에 따라서 시(city), 대도시(metropolis), 광역도시(megalopolis) 등으로 구분할 수 있다.

중국에서 도시화를 성진화(城镇化)라고 한 원인은 농촌 인구의 도시 유입으로 도시 근로자의 하강(下岗)이 발생하자 중국 당국이 농촌 인구의 도시 유입을 억제하기 위해 소규모 성진(城镇)을 건설하는 운동을 전개한 데서 유래한다. 따라서 국제적으로 통용되는 '도시화'에 근접한 현대적 의미의 중국식 표현은 성시화(城市化)로 보아야 할 것이다.

중국 정부는 도시화를 경제성장의 한 축으로 보고 계획도시 건설에 주력해 왔다. 중국은 경제특구 등 특화된 개념의 도시를 인위적으로 추진해 왔는데 성공적인 경우도 있고 활성화되지 않은 도시도 있다. 시장 수요가 뒷받침되지 못한 도시는 인구 유입이 되지 않아 공동화되는 부작용도 나타났다. 도시화 과정에서는 개발로 인한 농지 감소와 농민들과의 갈등도 나타났다. 우리나라에서 수년 전 자주 있었던 재개발 지역의 갈등과 유사한 사회현상도 생겼다.

도시화는 단기적으로 인구의 증가로 인한 인프라 시설의 확대, 교육, 행정, 문화시설의 설치, 기업의 유치와 서비스 산업의 발전 등을 유발한다. 그런데 중국과 같이 인구 대국의 경우 인위적인 도시화를 무리하게 추진할 경우 부작용도 만만치 않다. 우선 장기적으로 1인당 경작지 면적의 감소를 초래하여 식량부족이 예견된다. 또한 시장 수요에 의한 자연적인 도시의 형성이 아닌 경우 도시의 공동화가 우려된다. 세계 여러 나라의 경제성장 모델을 비교해 보면 도시화가 반드시 성장을 돕는다고 단언하기 어렵다.

최근까지 경제성장의 주요 동력으로 주로 수출과 내수의 영향에 관한 연구들이 진행되어 왔다. 한편 경제성장에 있어서 도시화는 각론적 시각에서 국민소득의 증가를 위한 구체적인 방안으로 주목받고 있다. 일반적으로 도시화와 경제성장은 정비례 관계를 유지하고 있다. 그런데 연구에 의하면 도시화 수준이 60% 이상 진행될 시점에서 GNI(1인당 국민 총소득) 수준이 국가별로 높은 편차를 보이는 것은 나라별로 경제성장에 대한 도시화의 효용가치가 차이가 있음을 의미한다.

이는 일부 선진국의 경우에 도시화 요인 외에 1차 산업의 성장이 경제발전에 크게 기여하고 있음을 의미한다. 또한 GNI가 2만 달러 이하인 국가의 도시화율이 상대적으로 높은 것은 해당 국가의 도시화 과정에 비경제 성장적 요인이 존재함을 가늠해 볼 수 있다.

한편 중국의 경우, 향후 인구증가로 인한 식량문제는 도시화 일변도의 개발을 경계하는 요인이 되고 있으며 농업의 고부가가치화와 농지의 보존 문제 또한 점차 지속성장을 위한 중요한 과제로 인식해야 한다. 또한 중국이 도시화를 진행하는 과정에서 선진국으로부터의 학습효과에 의해 획일적인 도시화의 답습이 아닌 차별화된 도·농간 균형성장 전략의 도입이 필요할 것으로 보인다. 또한 중국의 도시화는 경제성장을 위한 통합적 솔루션이 아니라 지속 성장을 수행하기 위한 중요한 요인 중 하나로 인식되어야 한다. 나아가 도·농간 균형성장 전략을 기반으로 장래의 식량문제와 빈부격차의 해결을 동시에 모색하는 새로운 경제성장의 거시적 틀이 마련되어야 할 것이다.

중국 당국은 신중국 성립 초기에 1차 산업에서 생산요소의

편중을 개혁의 대상으로 인식해 왔다. 또한, 산업발전에 따른 시장경제의 활성화와 함께 2, 3차 산업에서의 신흥 자산계급의 형성과 부의 집중화 문제를 경계해 왔다.

개혁개방 이후 호구제도의 실제적 효력은 감소하여 인구의 지역 간, 도·농간 이동이 증가하였지만 호구제도는 여전히 도시화를 제한하는 비경제적 요인이 되고 있다. 한편으로 호구제도와 같은 도시 성장의 시장원리와 도시 노동시장의 유연성을 저해하는 요인에도 불구하고 선별적인 경제특구를 중심으로 도시의 성장은 계속되어 왔다.

신중국 성립 이후의 중국 당국의 농촌에 대한 인식은 사회주의 혁명의 발생 동기와 연결되어 있다. 따라서 중국 당국은 신중국 성립 이후 농업의 생산성 제고와 더불어 생산요소의 균등분배와 유통의 독점에 정책 중점을 두었으며 이를 위한 구체적 방안으로 합작 생산체제가 추진되었다.

그러나 2차 산업이 성장하면서 규모의 경제를 지향하는 도시화의 진행과 이를 통한 경제성장은 중국 당국의 정책 중점을 농업 분야에서 산업 분야로 확장하는 요인으로 작용하였다. 또한 2, 3차 산업의 확장에서 경제성장을 위한 동력 창출의 여지를 확인하였으며 이러한 국부의 창출에 대한 중국 당

후통(胡同)

국의 근본적인 인식 전환은 정책의 중심을 농업 부흥에서 산업 발전으로 이동시키는 데에 영향을 미쳤다. 나아가 1980년대에 와서 연안 지역을 중심으로 경제특구가 설정되면서 도시화는 급속하게 진전되었다.

도시화의 진행에 필요한 인구 유입과 인구 밀도의 증가는 도시와 농촌의 경제적 환경 격차에 따른 농민들의 도시를 향한 자발적 유입으로 가속화되었다.

중국의 도시발전은 주로 세 지역으로 나누어 볼 수 있다.

첫째, 연안 지역은 대도시와 도시에 인접한 농촌이 유기적으로 결합된 광역 도시권을 형성하고 있다.

둘째, 중앙 내륙 지역은 지역자원으로 경제적 자생력이 강한 중규모 도시가 주를 이루고 있다.

셋째, 북서부 지역은 외부의 제한적 투자로 인해 농촌 소득을 기반으로 한 소규모 도시가 산재된 형태를 띠고 있다.

농업 부문이 고부가가치화된 스위스, 핀란드, 일본과 같은 나라의 경우, 세계 국가 중에서 GNI가 상대적으로 높은 수준을 유지하면서도 도시화율이 선진국 중에서 상대적으로 낮게 나타난다. 이는 다른 나라에 비해 비도시 지역의 소득 수준이 상대적으로 높다는 것을 의미한다. 따라서 도시화가 경제성장에 정(正)의 관계를 가지지만 일정 수준의 도시화가 진행되면 도시화를 확대하거나 혹은 제한하는 것은 나라별로 선택적인 고려사항이 될 수 있다.

예를 들어 일정 수준의 도시화 이후 도시화를 제한하고 비도시 지역의 성장 요소를 중점적으로 개발하는 도·농간 균형성장 정책으로 전환하는 것이 지속적인 경제성장을 위해 더 효과적일 수 있다는 것이다.

다시 말해 전국적인 도시화 추진으로 인프라 건설에 매진하기보다는 기존 도시의 산업기반을 강화하여 거주민의 수익 확대를 통해 고부가가치화된 1차 생산물의 상품 가격을 높이는 것이 비도시 지역의 소득 향상에 기여하는 하나의 방안일 수 있다.

한편, 도시화율이 높게 진전이 되었지만 국민소득이 낮은 경우는 러시아, 멕시코, 터키와 같이 도시의 경제활동 기반의 취약으로 도시민 소득이 기타 선진국에 비해 상대적으로 낮은 경우를 의미한다.

이는 중국의 도시화와 연계하여 고려해야 할 중요한 정책적 고려사항으로 보인다. 도시 거주민의 소득 기반이 취약한 가운데 정부 주도의 계획도시 건설이 무분별하게 선행될 경우 향후 도시발전의 지체와 도시 빈민의 양산을 초래할 수 있다. 중국의 도시화 추진의 문제점은 시장 수요가 선행하지 않고 중국 당국의 계획에 의한 인프라의 개발이 주도하고 있다는 데에 있다.

이에 따라 신중국 성립 초기에 시행된 시장 수요를 앞서간 계획경제의 문제점들이 도시화와 같은 각론적인 개별적 성장 정책에서 다시 나타날 가능성이 있다. 향후 정부 주도의 내수시장의 활성화를 위한 수요개발 정책이 가시적인 효과를 보이고 또한 지속성을 유지하면 실질 수요를 기반으로 한 도시화의 진전에 상당한 영향을 미칠 것으로 보인다.

세계 여러 나라의 도시화율을 조사해 보면 도시화율이 50% 미만 수준일 경우에는 대부분 1인당 GNI가 10,000\$를 넘지 못하고 있다. 이집트, 중국, 우즈베키스탄, 나이지리아, 파키스탄 등이 이에 해당하고 있는데 중국의 도시화율은 50~60%대 수준으로 1인당 GNI는 10,000\$ 수준에 이르고 있다.

중국이 선진국으로 가는 길목에서 도시화는 반드시 진전되어야 할 중요한 사안임에 틀림없다. 그러나 향후 도시화가 60% 이상 진전되면 도시화의 대대적인 추진의 필요성에 대한 신중한 검토가 필요할 것이다.

　일부 선진국의 선행사례와 같이 농업의 고부가가치화를 통한 농민 소득의 향상을 통해 국민소득 증가에 있어서 일정 수준 도시화의 대체효과를 거둘 수 있을 것이므로 맹목적인 도시화 일변도 정책은 지양되어야 할 것이다. 중국은 60~70% 도시화 수준에서도 20,000\$ 이상의 1인당 GNI 수준이 가능할 수 있을지는 중국 당국이 농촌, 농업, 농민에 대한 투자와 농민의 소득 성장을 얼마나 이끌어낼 수 있느냐에 달려 있다.

　향후 중국은 농업의 기계화, 현대화를 통한 농산물의 양산, 고소득 작물의 재배, 농공단지의 투자 확대, 농업 생산물의 가격현실화, 세제지원 등을 통해 농민의 소득이 개선될 것으로 예상된다. 나아가 중국의 도시화 전략의 분기점이 될 도시화율 60% 수준에서 도시와 농촌의 균형적 발전 정책을 더욱 구체화하여야 한다.

　또한 기존 대도시의 광역 도시화를 통해 농촌 거주 인구를 최적화해 나가는 동시에 외국자본의 농촌 지역과 농업 부문에 대한 적극적인 투자유치 등을 통해 도·농간 균형 발전이 추진되어야 한다.

예를 들어 외자기업이 지방정부와 긴밀히 협력하여 내수시장 진출을 위해 생산기지의 지방 설립을 추진하고 그 지역에서 인력을 고용하며 지역 소비자에게 혜택을 부여하는 것이다. 이는 중앙정부의 전국 지역별 시장에 대한 특화전략 수립과 병행하여 고려할 수 있다.

한편 현재의 발달된 중국의 도시들은 3차 산업의 비중을 더욱 높이며 도시 주변의 2차 산업에 대한 선별적인 농업지역으로의 이전으로 농업 지역의 1차 산업의 비중을 줄여나가야 한다. 또한 급격한 정부 주도의 도시화의 과정에서 발생하는 관민 갈등과 관련하여 적절한 보상과 합리적 조치가 뒤따라야 한다.

이는 중국 당국이 주창하는 정신문명의 선도적 지위 확보를 위해 보완되어야 할 부분이다. 또한 도시 인구의 증가와 도시 면적의 양적 팽창과 더불어 도시 거주민의 질적 생활의 개선을 위해서 문화 인프라의 충분한 제공이 필요하다.

중국의 도시화는 인구학적 특성과 연계하여 도시화 수준이 결정되어야 하며 맹목적인 도시화의 추구가 반드시 지속성장과 국가 균형 발전에 도움이 된다고 볼 수 없다. 증가하는 인구에 따른 농지면적의 관리와 일자리 창출을 위한 도시경제 기반의 확장은 종합적인 시각에서 고려되고 추진되어야 할 사안이다. 또한 도·농간 균형성장을 고려하여 중국 특색에 맞는 도시화 정책과 더불어 농업의 생산성 증대와 고부가가치화가 동시에 추진되어야 할 것이다.

2020년경에는 총인구 중 도시 인구의 비중이 60% 수준에 이를 가능성이 있다. 향후 도시 거주민 수가 60% 이상 수준에 도달할 시점에는 도시화로 인한 중국 소비자의 구매력 지수가 급증할 것이다. 이는 중국 당국이 주도하는 내수시장의 활성화에 진일보한 영향을 미칠 것으로 보인다. 따라서 도시화의 적정 시점에서 정부 주도의 도시화 추진의 역량을 분할하여 농촌을 비롯한 비도시 지역의 특성화 개발을 통한 성장요소의 다양화에 정책 중점을 두어야 할 것이다.

중국,
물류로 통한다!

    물류는 사람의 혈관처럼 사회가 성장하는 데 불가결한 인프라이다. 중국의 도시발전은 주로 세 지역으로 나누어 볼 수 있다.

- 대도시와 주변 농촌이 유기적으로 잘 결합된 대도시
- 지역자원이 풍부하여 경제적으로 자립한 중규모 도시
- 농업 중심 소득 지역으로 투자가 미흡해서 비교적 발전이 느린 소규모 도시

이렇게 지리적으로 확연히 구분된 중국 도시의 성장 형태는 1980년대 이후 경제정책의 실행 결과로써 중국 당국의 정책적인 도시화 추진전략에 의해 생성되었다. 중국의 건국 초기 도시화 수준은 매우 낮았으며 총인구 중 도시 인구의 비중은 10.6%에 불과했다. 그런데 1978년 개혁개방 이후 도시 중심의 산업화가 활발해지면서 도시 인구는 상승하기 시작했으며, 2019년 현재 총인구 중 50% 이상이 도시에 거주하고 있다.

중국의 거시경제 전망이 상승 흐름을 예고하는 가운데 중국의 물류산업에 대한 중국 당국의 구조조정과 진흥계획이 구체화되고 있다. 물류 인프라에 대한 중국 당국의 투자는 중국 경제의 상승 기조에 대한 신뢰에서 기반하고 있다. 중국 물류산업의 몇몇 특징을 살펴보면 다음과 같다.

첫째, 물류에 대한 수요 증가가 두드러지고 있다.

둘째, 물류산업과 관련 산업의 연동 발전의 성향이 강하게 나타나고 있다.

중국 내의 물류수단에서 육상운송의 비중이 가장 높으며 물류량이 증가함에 따라 도로 이용률 또한 상승하고 있다. 화물 중량을 기준으로 한 운송수단의 유형별로는 도로 운송이 가장 높은 비중을 차지하고 있으며 특히 간선도로의 증가는 다양한 물류 수요를 더욱 기민하게 대응할 수 있음을 의미한다.

한편 중국은 WTO 가입 이후 외국자본에 대해 국내 물류시장의 시장 참여 공간을 제공하고 있다. 다국적 물류기업들이 경쟁적으로 중국 물류시장에 대한 진출을 시도하고 있으며 이는 중국 물류기업에 큰 도전이 되고 있다. 또한 중국 경제의 고속성장과 함께 상품 물류의 다양화가 진행되고 있다. 따라서 전문적인 물류정보와 기술, 장비, 설비를 갖춘 3자 물류시스템의 발전이 요구되고 있다. 중국은 3자 물류의 개념이 현대에 와서 도입되었지만 여전히 3자 물류 기업의 발전이 더딘 편이다.

중국은 1970년대부터 물류의 개념이 도입된 후 현재 동부 지역은 이미 연해 지역 대도시를 중심으로 4개 권역의 물류지역이 형성되었다. 중국 내에서 경쟁하고 있는 3자 물류기업을 유형별로 나눌 수 있다.

수출입 무역을 위주로 성장한 국제 규모의 물류 선사(船司)

가 있다. 그리고 국내 운송을 위주로 운수, 창고, 보관, 유통, 화물 대행업을 운영해 온 국내 토종기업이 있다. 또한 물류산업의 진흥과 성장을 계기로 등장한 전문화된 신흥 물류기업이 있다.

중국의 내수가 촉진됨에 따라 국내 물류기업의 물류서비스 물동량이 증가하고 있다. 따라서 대기업이 투자한 신규 물류기업의 등장으로 중, 소규모 기존 물류업체들의 경쟁 가속화와 구조조정이 불가피해 보인다.

중국 물류산업은 권역별로 나눌 수 있다. 베이징, 텐진, 선양, 다롄, 청도를 중심으로 발해권을 형성한다. 그리고 상하이, 난징, 항조우, 닝보 중심의 장강삼각주 권역, 샤먼, 푸조우 중심의 타이완 해협 권역, 광조우, 선전 중심의 주강삼각주 물류 권역으로 나누어진다.

중국 물류산업의 발전 환경이 성숙되고 있다. 중국 당국의 '물류업 조정과 진흥계획'에 따라 국무원 유관 부문과 지방 인민정부에서 물류산업의 중요성이 한층 고조되고 있으며 물류산업의 발전을 위한 정부기관과 민간연구소 등에서 물류산업 진흥을 위한 세부 연구가 활발하게 진행되고 있다.

제조업의 성장은 물류산업의 발전을 촉진하며 또한 물류산업의 발전은 제조업의 성장에 긍정적 영향을 미친다. 글로벌 금융위기 속에서 중국은 가공수출 중심 지역의 제조업 경기 하락과 구조조정으로 수출 물량이 감소하였지만 한편으로 전자상거래의 활성화로 인해 소비재 상품의 국내 물류 수요는 더욱 증가하였다.

중국에서의 물류산업은 단순히 제조업을 뒷받침하기 위한 기반 산업이라기보다는 물류산업 자체가 가지는 항상성과 중국의 공급처와 소비처의 지리적 분산으로 인해 물류산업 자체가 고유의 산업영역으로서 발전할 수 있는 공간이 크다.

중국 물류산업의 특징은 크게 세 가지로 물류서비스 산업의 지속성장, 물류비용 규모의 지속 증가, 물류원가의 고속 증가이다.

첫째, 제조 및 서비스 산업의 성장에 따라 유관 물류업무의 수요가 지속적으로 증가하고 있다.

둘째, 물류비용 규모가 지속적으로 확대되고 있다. 물류업무 규모의 신속하게 확대됨에 따라 물류비용의 지출 규모가 늘어나고 있다.

셋째, 물류비용은 물류 인프라의 지속 건설과 물류 시스템의 개선에 따라 증가폭이 감소하고 있지만 비금속광물 제조업, 광산업과 소비재 제품의 물류비용은 상대적으로 높게 증가하고 있다.

전체적으로 총 판매수입에서 물류 비중이 차지하는 비율은 물류시스템의 개선과 기업의 물류비용 절감을 위한 노력으로 인해 증가 폭이 줄어들고 있지만 여전히 개선의 여지가 남아있다.

유통 및 서비스산업에서 물류비용의 비중이 비교적 높은 분야는 섬유 및 의류와 생활소비재 제품, 식품 등 소비 주기가 빠른 제품군이 속한 분야이다. 중국 정부가 추진하고 있는 내수 진작 정책은 중국 소비자들의 구매력 상승과 더불어 시의적절하게 진행되고 있다. 그러나 물류 인프라 공급이 지연되면 물류비용은 여전히 물가에 부담 요인이 될 것이며 지속적인 구매력 상승을 저해하는 요소가 될 수 있다. 따라서 중국 정부는 효율적인 내수 진작을 위해 물류비용의 절감을 동시에 추진해야 한다.

지금까지 중국의 기업 운영에서 원가절감을 위한 주요 과제로 노동력 원가와 원재료 원가가 중심이 되어 왔으며 상대적으로 물류원가에 대한 인식이 성숙하지 못해왔다. 따라서 선진 IT기술을 이용하여 물류 정보 네트워크를 구축하는 것은 물류망 확충 및 물류기지의 건설과 동시에 추진되어야 할 중요한 과제이다.

물류의 정보화는 물류산업이 발전한 선진국의 경우 화주, 물류기업, 물류 정보 운영 회사 모두에게 이익이 된다. 화주는 공차 정보의 검색을 통해 운송비를 절감할 수 있으며 운수업체는 실차율이 높아져 수익이 증가한다. 또한 물류정보 제공 및 운영업체는 화주와 물류기업 들을 회원으로 가입시켜 정보 사용 수수료를 획득할 수 있다.

한편, 중국 자동차 산업의 발전과정 중에서 얻은 학습효과를 발전 모델로 하여 대형 글로벌 물류기업의 중국 진출을 제한적 합자법인 형식으로 촉진함으로써 중국 물류산업은 보다 빠른 성장을 실현할 수 있을 것이다.

물류비용이 개발도상국의 경우 지속 상승하다가 선진국에 진입하면 물류인프라의 구축으로 인해 물류비용이 다시 감소하는 경향을 보인다. 따라서 한 국가의 경제가 성장하는 동안 물류량의 증가에 따라 물류비용이 지속적으로 상승하는 것이 아니라 일정 시점에서 변곡점을 그리며 감소하는 것이 일반적이다.

물류비용의 절감을 앞당기기 위해서는 산업 전체의 물류에 대한 효율적인 운영방안이 수립되고 그에 따른 도로, 철로, 항공, 항만, 파이프라인 등 인프라의 충분한 건설이 전제되어야 한다. 또한 이를 효율적으로 운영 관리할 수 있는 인력과 운영 시스템의 개발이 뒷받침되어야 할 것이다.

그리고 일부 제품군에서 동종 제품을 생산하는 기업 간에 불필요한 경쟁을 회피하고 물류비용을 절감하기 위해 지역별로 시장을 분할하는 현상이 나타날 수 있다. 혹은 중국 전역을 표적 시장으로 하는 기업의 물류비용은 시장의 확대를 위한 제조기지의 입지 선정을 위한 중요한 결정요인이 될 것이다.

따라서 다국적 기업 및 중국 로컬기업과 경쟁하며 중국 내수시장을 공략하는 한국 기업은 지역별 임금수준과 더불어 물류비용 요인을 감안한 경영전략의 수립이 더욱 절실하다.

중국,
부동산으로 돈 벌기

    한국인이 중국의 부동산에 관해 말할 때 핫이슈는 '소유권'
이다. 사회주의 국가인 중국에서 주택을 매입할 경우 언제 낭
패를 볼지 모른다는 인식이 있다. 예를 들면 하루아침에 국가
에 의해 압류 혹은 예기치 못한 불이익 등에 대한 우려이다.
사실 이러한 우려 때문에 한국 기업이나 개인이 중국에 있는
주택이나 빌딩 매입을 망설여 왔다. 그러나 일부 영민한 기업
이나 개인은 적극적으로 빌딩을 짓거나 매입하고 주택을 구입
해 왔다. 이들은 무슨 배짱으로 그렇게 했을까?

후통(胡同)

중국의 모든 땅은 국가 소유이다. 공산당이 곧 국가이므로 공산당 소유라고 하는 것이 더 정확하다. 따라서 세계 어느 정당보다도 공산당은 계산할 수 없는 부자인 것이다. 중국은 2007년 3월에 「물권법」을 통해 주택의 사용권에 대한 자동 연장을 허용하며 사유재산에 대해 인정했다. 이전에는 개인이 아파트를 구입하면 땅은 국가 것이고 위에 세워진 건물은 사용권이라는 이름 아래 소유권 보장이 불분명했다. 중국 정부가 주택산업정책을 '제한'에서 '촉진'으로 선회하기 시작한 것은 2008~2009년 사이이다. 당시는 글로벌 금융위기의 여파가 체 가시지 않아 세계적인 경기 퇴보가 예견된 때였다.

중국은 엄격한 금융시장 관리로 아시아에서 금융위기의 충격을 피해 나갈 수 있었다. 또한 베이징 올림픽 이후 증가한 시중 자금과 내수 진작을 위한 양적완화 탓으로 주택 가격이 급등하게 되었다. 정부의 주택산업촉진 정책, 주택 소유권의 보장, 국내의 충분한 시중 자금, 글로벌 기업의 대거 중국 진출 등으로 주택 가격이 급등하기 시작한 것이다. 이와 더불어 원조우(溫州) 부동산 투기자본의 시장가격 조작, 원자재 가격과 임금의 상승, 건축용지 낙찰가의 상승, 도시주택 수요의 지속 증가 등 복합적인 요인이 주택 가격 상승을 부추겼다.

후통(胡同)

결정적으로 아파트 가격 상승에 영향을 준 것은 정부의 모기지론 대출조건 완화였다. 중국은 글로벌 금융위기에도 불구하고 경제성장 추세를 견실히 유지하는 가운데 물가와 주택 가격이 급등하기 시작한 것이다.

중국 정부는 소득계층별로 주택 정책을 시행해 왔다. 1988년 이후 개인이 구입한 공공임대주택을 5년 이후 매매 가능하도록 했다. 주택의 시장매매 허용은 중국 주택시장이 시장기제로의 회귀를 뜻한다. 동시에 늘어나는 주택 수요에 대응하기 위해 소위 '상품방'의 건축과 일반분양을 시행하였다. 나아가 국민들이 상품방 구입이 용이하도록 주택공적금제도를 내놓았다.

주택공적금은 기업의 사용자 측에서 주택구입 자금을 일부 지원하고 종업원이 급여에서 매달 적립하는 방식으로 운영되었다. 주택공적금제도는 국영기업을 필두로 민간기업으로 점차 확대되어 갔다. 1998년에는 국민 개개인의 소득에 따라 차별화된 주택 보급의 필요성을 인식하고 중·저소득층 국민들이 구입하기 적합한 '경제실용방'을 보급하기 시작했다. 병행하여 상대적 고소득층에게는 '상품방' 보급을 활성화했다.

정부 주도의 신도시 개발과 주거단지 조성을 추진하는 초기에는 인프라, 환경 미비와 부실 건축 사례로 미분양 아파트가 많았다. 정부의 적극적인 부동산 산업 촉진 정책에 힘입어 중국의 주택건설 분양 사업은 소득별로 나뉘어 활성화되었다.

주요 대도시의 주택 건설 용지가 부족한 상태에서 도시로의 인구 유입이 가속화되었다. 북경의 경우 일반분양 주택이 주택시장 가격 상승을 견인하였다. 더불어 올림픽 등 대규모 인프라 정비가 필요한 국제행사가 자주 진행됨에 따라 주거환경이 빠르게 개선되어 주택 가격 상승에 영향을 미쳤다.

국영기업 중에서 주택 건설을 주력으로 하는 회사들은 정부의 자금과 정책지원 아래 일반분양 주택산업을 발전시켰다. 또한 축적된 기술과 상업화 전략으로 대형 주택 건설사로 성장하게 되었다.

앞서 언급하였듯이 주택 가격 상승에 주택금융제도의 뒷받침이 컸다. 2008년 중국 정부는 적립된 주택공적금의 대출조건을 완화하여 주택거래의 활성화를 도모하였다. 지방정부는 재정수입 확보를 위해 토지 임대를 촉진하고자 주택산업을 지원했다. 지방정부는 주택을 건설하려는 사람들에게 땅을

빌려주는 대가로 차용금을 받는데 이는 지방정부 재정의 큰 비중을 차지해 왔다.

중국의 주택공적금제도는 주요한 국민복지 제도의 하나로 자리 잡아 왔다. 정부는 주택산업을 발전시키기 위해 주택공급자와 수요자에 대한 대출을 확대해 왔다. 1994년부터 모기지론 제도를 주택시장에 허용하였으며 초기에는 주택 가격의 30%를 은행에 저축하고 있는 주택 수요자에게만 대출이 허용되었다. 1998년부터 직장 단위에서 제공하는 주택이 현저하게 줄어들면서 시장에서 주택 매매가 활성화되기 시작했다.

금융권에서는 주택구입 자금의 70%까지 담보대출이 허용되고 저금리로 최장 20년 만기대출 상품이 출시되었다. 사회 일각에서는 모기지론 부실화에 대한 우려의 목소리가 있었지만 개인 모기지의 경우 기업 대출금보다 상환율이 안정적이었다.

2000년대 들어서서 서서히 상승하기 시작한 주택 가격은 2004년에서 2009년 사이 과열 우려에 대한 정책 개입에도 불구하고 급속히 상승하기 시작했다.

주택 가격 상승은 중국 경제의 성장을 뒷받침하는 요인 중의 하나이다. 국민의 소유자산 가치상승은 내수시장의 활성화로 이어진다. 중국 정부는 부동산 개발을 통해 경기 활성화 효과를 거두어 왔다.

현재 중국 정부가 우려하는 것은 경기침체로 인해 주택 가격 하락이 가져올 내수시장의 구매력 저하와 금융권의 부실채권 증가로 인한 금융시장 교란이다. 중국의 산업 가운데 금융 분야가 상대적으로 낙후되었지만 주택 담보대출의 실행을 위한 개인의 신용평가와 대출금 회수 등 대출 행위가 매우 건실하게 이루어져 왔다. 만약 향후 경기침체와 대불어 주택 가격이 급락할 경우 도시 중위층 이하의 가계를 중심으로 주택 담보대출 부실이 증가할 것이다.

2010년 초까지 중국의 거시경제 흐름이 호조를 보이는 가운데 주택 가격이 급등했다. 중국 정부는 2010년 4월 〈일부 도시의 주택 가격 급등 문제에 관련 통지〉를 통해 주택시장 개입을 본격화하였다. 이 통지로 북경시는 한 가정당 신규로 하나의 상품방만을 구입할 수 있도록 주택구입제한 명령을 발표했다. 2010년 10월 상해, 광주, 대련 등지에서 주택구입제한 명령이 발표되어 주요 도시로 파급되었다.

국내 부동산 경기의 안정 기조로 자금의 해외 부동산에 대한 투자 관심이 상승하고 있다. 중국 정부는 국내 유동성 과

잉으로 인한 물가상승 요인이 생길 경우 금리 인상으로 대응해 왔다. 그러나 금리 인상이 지속될 경우 경기 위축이 우려되어 국내 자금의 해외투자 승인을 통해 자연스러운 국내 유동성 감소 효과를 이끌어 냈다.

주택구입제한 규정인 시엔거우링(限购令)은 중앙정부의 통지에 따른 지방정부의 세칙시행이다. 이러한 법 집행 체계는 중국 정부의 권한을 강화하고 정부가 시장을 통제할 수 있는 유효한 도구로 활용되고 있다.

중국 정부는 수요억제 정책 위주의 제한정책을 유지하되 한편으로 택지개발 공급 확대 등 공급 측면의 정책을 병행해 나갈 것이다. 향후 도심의 건축면적을 확보하고 택지공급을 활성화하기 위해 고층 아파트의 건축 허가와 주거형 오피스텔에 대한 수요자 감세혜택 등 새로운 정책들이 등장할 것으로 보인다. 만약 글로벌 무역분쟁으로 인한 경기하강 국면이 장기화될 경우에 중국의 중·대 도시에서 아파트를 중심으로 주택가격 하락이 나타날 가능성이 있다.

모방은
창조의 어머니

중국에서는 모방은 매출의 아버지다. 동일 제품에 대한 중복 생산이 만연하게 된 것도 발빠르게 모방하는 상관습 때문이다.

20여 년 전 중국에 왕하이라는 신출귀몰한 청년이 있었다. 그 청년이 하는 일은 특출했다. 중국의 지식재산권 침해 사례를 발굴해서 처리하는 것이다. 예를 들어 도시의 백화점에 들러서 유명 브랜드를 카피한 제품을 발견하면 경찰에 고발하고 법원에 소송도 불사했다. 수많은 회사가 그의 소송거리가 되었다. 어떤 사람들은 그를 모진 사람, 할 일 없는 사람으로 손가락질했다. 하지만 개의치 않고 뚝심 있게 가짜 브랜드 사냥꾼을 계속했다. 중국이라는 모방의 나라에서 도시에 넘쳐나는 가짜 상품은 그의 먹잇감이 되었다.

클린턴 미 대통령이 베이징을 방문했을 때 이 열혈 청년을 만나 격려하기도 해 더 유명세를 탔다. 물론 이 청년의 제물이 된 기업 중에는 하루아침에 문을 닫는 사례도 생겼다. 아마도 모방제품을 거래하는 상인들 입장에서는 이 청년이 외계인으로 보이거나 타도의 대상이 되었을 것이다. 현재 중국 백화점이나 쇼핑몰에서는 유사상표를 부착한 모방제품이 대폭 줄어들었다.

왕하이의 고군분투 덕분이었을까? 모방은 줄고 드디어 창조의 꽃이 피기 시작한 것이다. 중국은 축적된 자본을 무기로 유명 글로벌 브랜드를 사들이고 자체 고유 브랜드도 많이 나타나고 있다. 실제로 모방이 창조의 어머니라는 것을 증명한 것이다.

중국 중신사(中新社)에 따르면, 중국 국가품질검사총국은 해

마다 중국산 세계적 브랜드 제품 발표회를 열고 있다. 선정되는 제품은 1, 2차 산업 모든 종류의 생산품을 포함한다. 중국 정부가 인정하는 브랜드 제품에 선정되면 제품선전 효과가 크기 때문에 기업들은 선정되기 위해 노력한다.

유명 브랜드 국산 제품은 반드시 국가 산업정책의 발전 방향에 부합해야 하며, 국민경제의 발전에 대한 중요한 영향력을 가지고 있어야 한다. 또한 해당 기업은 업종 집중도와 시장 점유율이 높고, 고객 만족도 및 브랜드 지명도가 높아야 한다. 나아가 국제표준에 부합하며 지적재산권과 핵심기술을 갖춘 규모가 있는 기업의 제품이어야 한다. 그런데 중국은 현재 여전히 기업이 앞장서고 정부가 보호하는 지재권 침해사례가 많다.

최근 트럼프 미 대통령이 들고나온 중국의 지재권 침해에 대한 문제제기는 미중 무역분쟁의 주요 사안 중 하나이다. 2018년 로이터 통신에 따르면, 트럼프 미국 대통령이 중국의 지식재산권 침해 의혹 조사의 일환으로 미 정부가 중국기업들에 대해 벌금을 부과할 것이라고 했다. 당시 미국이 중국에 대해 무역보복 조치를 취할 것임을 시사했다.

미국 행정부는 중국 정부가 중국에서 사업하는 비용으로 중국합작 기업에 지재권을 이전하도록 미국 기업에 강요하고 있다고 주장한다. 트럼프 대통령이 중국기업들의 지재권 보호 위반 사례에 대해 보복관세와 기타 제재 조치를 취할 가능성이 높다.

2019년 핫이슈가 되고 있는 미중 무역분쟁의 촉발은 양국 간의 지재권 분쟁에서 시작되었다. 따라서 마무리도 지재권 보호에 대한 이슈가 협상의 주요 의제이다.

중국인과 협상에서 주의해야 할 것은 두 가지다. 첫째는 이성적인 전략과 전술이며, 둘째는 체면을 세워주는 것이다. 최근의 미중 무역 분쟁에서 미국은 중국에 대해 체면 세워주기에 전혀 관심이 없다. 이는 향후 협상의 진행을 어렵게 할 가능성이 높다. 중국인들은 전통적으로 목숨보다 체면을 더 소중하게 생각한다. 삼성전자도 중국의 지재권 침해사례에 대응하기 위해 중국에 판사 출신의 전문가를 임원으로 배치하고 있다.

중국 정부는 타의에 의해 해외 지재권 침해사례를 교육하고 중국 기업의 지재권 경쟁력 강화를 위해 관리에 나서고 있다.

필자가 존경하는 목사님은 중국의 공칭투안(공산청년단)의 초청으로 북경에서 청소년 문제에 관한 강연을 한 적이 있다. 그분은 평소 청소년의 마인드가 바뀌어야 국가의 미래가 있다고 생각한다. 중국에서 성공적으로 강연을 마쳤는데 주최 측에서 책으로 출간할 것을 권했다. 그래서 중국어로 마인드 교육 서적을 출판했다. 이 책이 중국에서 수도 없이 팔렸는데 문제는 대부분이 도판이라는 것이다. 정판보다 싼 가격에 순식간에 시장에 쏟아지는 도판을 막을 길이 없었다. 많은 시간과 수고가 담긴 옥고인데 어처구니없는 일이 아닐 수 없다. 만약 중국 정부에 신고하면 쉽게 추적할 수 있을 것 같은 데 그리 쉬운 일이 아니다. 복잡한 유통망과 제조상은 귀신처럼 사라졌다 나타난다. 관공서는 구호만 외칠 뿐 손 놓고 있는 분야다.

중국 소비자는 아직 지식재산에 대한 보호 의식이 약하다. 누군가 중국에서의 신규 사업을 원한다면 큰 자본 없이 할 수 있는 지재권 보호와 관련한 사업 아이템이 하나 있다.

한국의 유명 연예인들의 사진을 함부로 쓰는 곳을 발견하여 해당 기업을 고소하는 법률 서비스 사업이다. 한국의 엔터테

인먼트 기업과 계약을 맺고 중국에서 지방별로 모니터들을 고
용하여 지재권 보호사업을 해 보는 것이다.

협상의 달인

오래전 북경의 길을 걷다 타이틀이 '사기 치는 법'이라는 CD를 발견했다. '사기를 안 당하는 법'과 한 세트로 된 것인데 늦깎이 유학생의 호기심을 자극하기에 충분했다. 중국인의 마인드를 알고 싶은 호기심에 사서 집에서 틀었는데 내용이 전혀 제목과 상관없는 것들이었다. 순간 속았다는 생각이 들었다. 나도 당한 것이다.

중국인들은 협상에 능하다. 하루는 북경의 서삼환북로에 있는 자죽원 공원에 갔다. 공원 안에는 제법 큰 인공 낚시터가 있다. 가끔 머리가 복잡할 때면 그곳에서 낚시를 했다. 낚시를 잘하지 못하는 나는 중국인들이 낚시하는 것을 구경하는 경우가 많았다. 한국과 달리 중국 낚시터에는 재미있는 풍경이 하나 있다. 낚싯대 외에 도구(?)가 하나 있는데 모양이 길고 굵은 장대이다. 끝에는 작은 바구니가 달려 있고 그 속에는 떡밥 가루 같은 것이 담겨 있다. 낚시를 하기 전에 한가득 유인 떡밥을 담아서 수차례 낚싯바늘을 던질 곳에 쏟아 붓는다. 육안으로 볼 순 없지만 수면 아래 한 지점에 정확히 물고기가 보기에 거대한 산봉우리 모양으로 유인하는 떡밥이 쌓여 있는 것이다. 그 지점에 정확히 본격적인 미끼를 달아서 바늘을 안착시킨다. 수십 명이 낚시를 해도 미리 새벽부터 유인 미끼를 쌓아 둔 사람이 압도적으로 낚시를 잘한다. 준비된 자만이 승리를 만끽할 수 있는 것이다. 이런 진풍경은 낚시터뿐만이 아니라 제법 큰 호수에서도 볼 수 있다. 새벽부터 유인 미끼를 쌓는 정성으로 낚시할 정도가 아닌 나로서는 늘 빈 낚싯대를 드리운 구경꾼일 뿐이었다. 세월을 낚는 진정한 강태공이라고 스스로를 위로하면서 말이다.

낚시터 주변에는 늦봄의 정취를 아쉬워하는 산보객으로 북적였다. 정자 안팎에서는 악기를 연주하는 사람들과 경극의 유명한 구절을 노래하는 아마추어 가수(?)가 있었다. 고기가 물지 않는 가운데 나는 낚시 도중 무의식중에 핸드폰을 만지작거리다 그만 연못에 빠뜨리고 말았다. 순간 머릿속이 하얗게 됐다. 1미터 50센티 이상은 돼 보이는 물길에 속이 황토색이라 보이지도 않고 건져낼 길이 없었다. 고급 신형 핸드폰이란 것도 당황스럽지만 그 속에 든 전화번호, 사진들이 고스란히 물에 잠긴 것을 생각하면 온 정신이 달아나는 것 같았다. 순간 침착하게 주위를 둘러보니 미화원 아저씨가 보였다. 그 아저씨를 불러 협상했다. 자초지종을 알려주고 건져주면 이백 인민폐를 주겠다고 했다. 아쉬운 나로서는 거금도 마다하지 않은 것이다. 그 미화원은 많은 사람이 보는 것에 아랑곳 않고 팬티만 입고 물속으로 내려갔다. 그때만큼은 마치 슈퍼맨처럼 멋있어 보였다. 한 일이 분을 발로 더듬어 핸드폰을 기어이 찾아냈다. 나는 크게 안도했다. 그런데 딜은 그때부터 다시 시작되었다.

그는 발가락으로 핸드폰을 접촉한 순간 묘한 웃음과 눈길을 내게 보내왔다. 이백 인민폐로는 임무완수 불가라는 것이다. 꺼내기만 하면 될 텐데… 나는 순간 더 초조한 마음이 들었다. 물에 오래 있을수록 데이터를 살리기가 어려워 보였기 때문이다. 나는 이성을 잃고 조급해졌다. 구두계약 위반에 화가 났지만 화를 낼 수도 없었다. 상대는 물속에서 내 마음을 꿰뚫어 보듯이 가만히 기다렸다. 여유가 있었다. 물결에 반사된 따가운 봄볕 만이 우리 둘의 얼굴을 비추고 있었다. 순간 나는 침묵을 견디지 못하고 지갑을 열고 말았다. 이백 인민폐를 더 지불하고서 내 핸드폰을 건져 내어 받을 수 있었다.

나는 핸드폰을 찾았다는 안도감과 글로벌(?) 딜에서 밀렸다는 수치감이 동시에 밀려왔다. 미화원 아저씨는 여유 있게 돈

을 챙겨 떠났다. 빅딜은 아니었지만 그때의 중국인과의 스몰딜을 잊을 수 없다. 중국인의 DNA에는 '협상에 능함'이라도 있단 말인가?

슈퍼에 가면 정찰제이지만 재래시장은 여전히 타오지아환지아(讨价还价: 가격 흥정) 방식이다. 중국으로 유학 가면 제일 먼저 배우는 것이 둬사오치엔(多少钱?: 얼마예요?)과 피엔이디얼하오부하오(便宜点儿 好不好?: 좀 깎아주시면 안 돼요?)이다. 물건을 살 때 밀당이 일상화되어 있다. 시장에서 단련된 거래의 힘과 배짱을 키워 온 중화민족을 이길 수 있을까? 아니면 내가 협상에 약하다는 것인가? 많은 한국 비즈니스맨이 중국인은 협상에 능하다고 한다. 중국 인민이 체질적으로 협상에 능하다는 것이다. 그 말에 동의하며 나의 낚시터 협상의 아쉬움을 위로해야 했다.

한국인 비즈니스맨 중에는 중국인을 못 믿는다는 사람이 많다. 신뢰관계 형성이 어렵다고 한다. 왜일까? 비즈니스 세계에서 한번 약속한 것은 상황이 변해도 이행하는 것이 매너다. 그렇지 않은 경우는 낚시터의 미화원처럼 상황 변화에 따라 요구를 달리하는 것이다.

흔히 일본 비즈니스 관례와 대비하여 말하곤 한다. 일본 사람은 계약사항을 잘 지키려 하고 중국 사람은 계약하고도 상황이 변하면 중간에 바꾸려 한다는 것이다.

　사실이라면 왜 이런 차이가 있을까? 문화적 차이일까? 성향의 차이일까? 아니면 이것도 하나의 중국식 상관습일까? 여기에 대한 해답을 찾기가 쉽지 않다. 이익 앞에서 사람의 마음이 바뀔 수 있는 것은 비단 중국인만이 아닐 것이다. 개인적인 성향에 따라 다를 수 있다. 그리고 그러한 성향을 다수가 답습하면 상관습이 될 것이다.

　나는 중국에서 사업하기 어렵다는 말을 하는 대부분의 사업가가 계약 불이행이라는 덫을 만난 것을 보았다. 그래서 이유야 어떻든지 중국인과 거래를 할 때 계약서를 잘 써야 하고 나아가 계약 불이행에 대한 대비를 해야 한다. 최근에는 중국에서 법률에 의한 권리 보호가 조금씩 나아지고 있다. 그래서 더욱 문제에 대비하여 계약서 조항을 조목조목 잘 준비해야 한다. 불리할 경우 글로벌 로펌의 지원을 받아야 하고 그 근거는 계약서이기 때문이다.

　상하이에 상하이 샨다라는 회사가 있다. 중국어로 성따(盛

大)라고 한다. 한국의 A사에서 미르의 전설이라는 온라인 게임을 수입해서 큰 성공을 이루었다. 나는 샨다와 잊을 수 없는 협상의 추억을 가지고 있다. A사와 샨다는 라이센서(권리자)와 라이센시(권리를 빌린 자)의 관계였다. A사는 B사가 만든 게임의 해외 판권을 가지고 있었다. 중국의 샨다는 A사의 중국 판권으로 월 100억을 버는 대기업이 되었다.

문제는 돈을 벌면서부터 생겼다. 불법 서버가 돌아가면서 샨다의 매출에 영향을 주었는데 그 탓을 A사에게 돌렸다. 메인 서버 관리를 잘못해서 게임 소스코드가 해킹되었다는 것이다. 샨다는 러닝 로열티(운영 중 이익분배금)를 보내지 않기 시작했다. 정상적이라면 매월 매출의 20%를 보내주어야 한다. 막무가내인 샨다의 태도에 A사로서는 난감할 따름이었다. 몇 달 치의 로열티 지급이 안 되자 A사에는 어둠이 깃들기 시작했다.

나는 그런 글로벌 사업의 리스크가 터진 상태에서 A사에 부장으로 들어갔다. 물론 나의 주 업무는 샨다와의 협상이었다. 협상의 목표는 명확했다. 밀린 러닝 로열티를 회수하는 것이다. 내 인생에서 단기간에 상하이를 그렇게 자주 다닌 적은 앞으로도 없을 것이다. 한 달에 두 번 정도 십여 차례 간 것

후통(胡同)

같다.

협상 대표는 골드만삭스 아시아 대표였다. 그는 하버드대 박사 출신 화교로 젠틀한 학자풍의 비즈니스맨이었다. 가끔 동안의 미소를 지을 때면 그저 순수하게만 느껴지는 사람이었다. 그 순수함에 대한 감정이 사라진 것은 협상이 막바지로 치달을 때였다. 쌍방이 원하는 내용을 충족하는 계약 문건이 작성되었고 최종 타결 초안이 완성되었다. 나는 그 문건을 받아들고 귀국 길에 올랐다. 비행기에서 그 수개월의 성과를 감상이라도 하듯 읽어 보았다. 그런데 최종 협상에는 없었던 문장 하나가 삽입되어 있는 것을 발견하고 경악하지 않을 수 없었다. 합의하지 않은 중요한 단서 조항이 들어 있었는데 그대로 서명하면 우리 회사가 큰 손해를 볼 수 있는 조항이었다. 순간 그 순수한 동안의 인텔리에 대한 호감이 싹 달아났다.

'역시 끝까지 마음을 놓을 수 없군.'

막바지까지 안심할 수 없는 중국인과의 잊을 수 없는 협상이었다. 그 이후로도 많은 추가 협상의 자리를 거치면서 여러 고비를 맞이했다.

수개월에 걸친 마라톤 협상은 타결될 듯 말 듯 하면서 이어졌다. 그야말로 진이 다 빠져나가는 지루하고도 결과를 장담 못 하는 협상이었다. 그 와중에 샨다는 A사의 게임을 그대로 카피해 새로운 게임을 만들었다. 협상이 깨지고 게임 운영권이 다른 회사로 넘어갈 것을 대비하여 무리수를 둔 것이다. 누가 봐도 뻔한 복제품으로 다른 서버에서 서비스를 오픈했다. 그리고 하는 말이 '재계약 안 해도 좋다. 맘대로 해라!'라는 배짱을 부렸다. 소송을 해봤자 중국 인민법원은 중국 기업 편이라는 것을 너무나 잘 알고 있는 듯했다. 나는 불법복제에 대한 모든 증거를 수집했고 글로벌 로펌을 통해 샨다의 숨통을 끊을 준비를 하고 있었다. 그러나 중국 기업을 상대로 지재권 분쟁을 한다는 것은 쉬운 일이 아니다.

유언은 유언하는 사람이 죽어야 그 효력을 발휘하기 시작하는 것인가? 정말 재계약 기한이 임박하지 않으면 안 되는가? 어떤 협상안도 먹히지 않는 지루한 미팅 속에서 절망감이 들기도 했다. 상하이 동방명주 탑은 야경의 꽃이 되어 협상에 지친 마음을 알기나 하듯이 강물에 흔들거렸다. 호텔 방에서 혼자 미래를 확정 지을 수 없는 협상의 긴 터널을 두고 기도하기도 했다.

그 이후에도 상하이 샨다의 회장인 천텐차오는 임원들과 북경에서 한국 협상단을 만났고 서로 견해 차이만 확인하고 상해로 내려갔다. 그런데 빅딜의 순간은 바람처럼 순식간에 다가왔다. 상하이에서 마지막 담판이 있었다. 샨다의 천회장은 A, B 두 가지 안을 칠판에 적었다. 하나를 선택하면 딜은 성사된다고 했다.

중국에서의 게임 운영 연장계약 조건으로 하나는 계약금이 많고 다른 하나는 러닝 로열티가 많았다. 계약금은 일시불로 받는 것이고 러닝 로열티는 앞으로 수년 동안 나누어서 받는 매출액에 대한 배당금 비율이었다. 한국 대표는 계약금이 많은 것을 택했다. 그 순간 모든 분쟁은 타결되었다. 재계약 부결의 리스크를 해소한 상하이 샨다는 나스닥에 상장했고 주가가 액면가에서 네 배로 뛰었다.

당시 샨다 사장이 주가가 얼마까지 가겠느냐고 물어 와 무심코 네 배는 갈 것이라고 했는데 말대로 되었다. 나도 남의 일 훈수에는 소질이 있는 것 같다.

협상에서 밀리지 않는
덩샤오핑

　최근 홍콩에서 우산 혁명이 일어났다. 홍콩의 자치권을 보
장했던 중국 정부는 해외 범죄자 인도법안을 통과시켜 홍콩
을 중국 국내법에 의거 관리하려 하고 있다. 이에 반대하는
홍콩 거주민의 시위는 대규모로 발전하여 그 어느 때보다 격
렬했다.

　중국 정부의 영토에 대한 지배 의지는 확고하다. 1997년 6

월 30일 홍콩에서 영국 국기가 내려졌다. 홍콩에서 155년 동안 영국 식민 통치가 끝나는 순간이었다. 1979년 홍콩 총독 머레이(Murray)가 덩샤오핑과 만났다. 덩샤오핑은 홍콩 반환 문제에 대해 '홍콩 투자자들은 염려하지 마라.'라고 했다. 당시 홍콩에 투자한 사람들은 중국이 홍콩을 지배할 경우 입을 피해를 염려하고 있었다.

홍콩은 1842년, 1860년 두 차례의 아편전쟁에서 청나라가 영국에 패배하여 〈남경조약〉, 〈북경조약〉을 통해 1997년까지 조차되었다. 영국은 새로운 협약을 통해 계속 홍콩을 지배하려 했다. 영국 정부는 다각적인 협상 전략을 가지고 중국을 설득하려 했다. 영국 측의 논리는 사회주의 체제가 홍콩을 운영하면 투자자가 모두 떠날 것이라는 주장이었다.

그러나 중국 측 '일국양제(一个国家两种制度)'의 범정부적인 발상 전환이라는 암초를 만나게 된다. 일국양제는 타이완 문제 연구에서 먼저 시작되었다. 타이완 문제의 평화적 해결을 원했던 중공 정부는 당시 국가로서 인정받던 타이완을 일방적으로 타이완 특별 행정구로 지칭하였다.

나는 수년 전 몸담고 있던 대학의 국제교류 업무로 하북성

후퉁(胡同)

교육청장 일행과 만찬을 가진 적이 있었다. 분위기가 화기애애 하던 중 한 중국 측 인사가 술이 과해 갑자기 우리 측 타이완인 교수를 보고 "이 이요우, 얼 이요우, 싼 메이요우(一有 二有 三没有)"라고 쏘아붙였다. 일은 일본, 이는 한국, 삼은 타이완을 지칭하여 타이완이 독립국가임을 부정한다는 의미다. 그 순간 그 자리가 얼마나 불편했는지 상상에 맡긴다.

1982년 9월, 파란 정장을 입은 중년의 영국 숙녀가 인민대회당 계단을 내려오다 넘어졌다. 영국수상, 철의 여인 마가렛 대처였다. 그녀는 홍콩 반환 문제로 덩샤오핑과 회담을 한 후 인민대회당을 나오는 길이었다. 어떤 심기 불편함이 그녀를 부주의하게 했을까?

덩샤오핑은 대처와의 담판에서 "신중국 성립 이후 19세기에 체결된 모든 대외조약에 대해 인정하지 않는다."라고 선수를 쳤다. 그리고 서두르지 않고 마음에 있는 말을 건넸다. 청주자이슝(成竹在胸: 가슴속에 이미 대나무 숲이 그려져 있다)이란 말처럼 이미 마음에 협상의 목표가 서 있었다.

덩샤오핑은 이어 유명한 말을 던졌다. "주권 문제는 협상의 대상이 못 된다." 홍콩은 중국 것이라는 말이다. "협의를 하려면 어떻게 반환할지 방법에 대해 이야기하자."라고 했다. 어떠한 영국 정부의 지속 통치 설득에도 응하지 않을 것임을 내비친 것이다. 국가적 빅딜 협상에서는 종종 이런 대원칙이 필요하다. 대원칙은 실익이 아닌 대의명분에서 찾아야 한다.

대처는 "우리는 1997년 이후에도 영국이 계속 홍콩을 통치하기를 원한다."라고 했다. 그 근거는 그렇게 해야 세계인의 홍콩에 대한 신뢰가 흔들리지 않을 것이라는 주장이었다.

이에 대해 덩샤오핑은 "만약 우리가 원한다면 오늘 저녁이라도 홍콩을 회수해 갈 것"이라고 압박했고 "2년 내에 반환 협상이 완료되지 않으면 중국이 일방적으로 회수해 갈 것"이라고도 했다.

두 시간 반 동안 영중 간 탑다운 방식의 협상이 계속되었다. 결국 영국은 1997년 아쉬움을 뒤로하고 홍콩을 중국에 반환하게 된다. 여기서 덩샤오핑의 국가 영도자로서 국토에 대한 인식과 결기를 본다. 한편으로 일국양제의 발상 전환을 통해 상대의 주장에 대응할 수 있었다. 당시 일국양제는 사회주의 체제인 중국으로서는 생각하기 어려운 엄청난 융통성(?)이었다. 상황에 따라서 최적의 방침을 수용하는 덩샤오핑의 협상전략을 읽을 수 있다.

후통(胡同)

1978년 중국은 개혁개방을 막 시작하여 막대한 개발자금이 필요했다. 덩샤오핑의 유연한 사고는 차관을 얻어내기 위한 일본 방문 시에도 엿볼 수 있다. 덩샤오핑은 개혁개방의 성공을 위해 일본의 도움이 절실했다. 덩샤오핑은 일본과의 역사에 대해서 안 좋았던 일이 있지만 대대로 우호적이었다고 언급하며 유화적인 제스처를 취했다. 그런데 갑자기 한 기자가 조어도(센카쿠 열도)의 영유권 문제에 대한 견해가 어떤지 질문했다. 방일 당시에도 조어도 문제는 우리나라 독도 문제와 같이 분쟁의 시빗거리가 되고 있는 민감한 사안이었다.

덩샤오핑은 중국의 대표로서 질문에 답해야 했다. 만약 조어도가 중국 것이라고 하면 명분은 살리겠지만 중일 우호관계의 분위기는 냉각될 수밖에 없다. 반대로 일본 것이라고 말할 수도 없는 노릇이었다.

덩샤오핑의 입에서는 의외의 답변이 나왔다. "조어도 문제는 이번에 다루지 않는 것이 좋겠다. 이 세대보다 더 지혜로운 후손들이 쌍방이 공감하는 협의를 할 수 있을 것으로 생각한다."라고 하며 질문의 예봉을 피했다.

덩샤오핑은 프랑스에서 머물며 개방적 사고를 배워 고지식하지 않았다. 타이완과 홍콩 문제의 해결방안인 일국양제의 탄생도 그의 유연한 사고방식에서 나온 것이다. 물론 덩샤오핑은 마음속으로 지난 일제의 침략 원한을 삼키면서 도광양회(韜光养晦: 재능을 감추고 힘을 기른다)를 실천한 것이다.

시진핑 정부에 와서 조어도 분쟁이 무력충돌 직전으로 긴장되고 있는데 덩샤오핑의 희망과 달리 아직 지혜로운 방법을 찾지 못한 것 같다. 시진핑 정부의 화평굴기(和平屈起: 평화롭게 일어선다)가 아시아 여러 나라에 부담을 주는 정치·외교·군사 방면 군림의 양상을 띠고 있다. 중국이 부인하더라도 도광양회가 아닌 것은 분명하다.

중국 경제의 글로벌 영향력을 고려할 때 중국 경제의 침체는 바람직하지 않다. 그러나 중국의 실리주의 외교에서 군림하는 자세로의 전환은 중국 경제에 무익하다. 불필요한 충돌과 반감은 중국 경제에 부정적인 영향을 미치기 때문이다.

중국 경제는 국민소득 만 불의 시대라고는 하지만 빈부격차가 크다. 도시에 졸부와 거부가 있지만 대다수의 농민이 여전히 가난하다. 이런 빈부격차는 사회주의 국가인지 아닌지를 의심할 만큼 큰 것이다. 농한기 때는 농민이 대도시로 나와 막노동을 한다.

돈을 모아서 춘절(설날)에 대규모로 귀향하는 풍경을 본다. 이들을 농민공이라 한다. 농민공이 가족을 데리고 도시로 나오는 경우 도시 빈민이 될 각오를 해야 한다. 주거, 교육 등에서 불이익을 당하기에 타향의 삶은 더욱 고달프다.

중국 정부는 농민공의 사회불만 세력화에 주의하고 있다. 한때 중동을 휩쓸었던 재스민 혁명이 중국에서도 일어날 것을 예측한 사람들이 있었다. 그러나 한국처럼 중국에서 민주화 시위가 일어날 가능성은 극히 낮다. 시위가 일어나기 위한 두 가지 도화선이 있는데 하나는 경제 파탄이고 둘은 정부 부패의 만연이다. 경제 파탄의 현저한 조짐은 없으며 정부는 부패 단속과 홍보에 열중하고 있다.

중국에서는 왜 정치 민주화에 대한 대학생의 시위가 없을까? 우리나라 같았으면 벌써 뒤집어졌을 상황이다. 그 이유 중 하나는 애국에 대한 국민적 공감이 확고하기 때문이며, 둘째는 인민이 자유롭게 조직화하기 힘든 이유는 집회와 결사에 대한 철저한 통제와 관리 감독 때문이다.

중국인은 소학교 때부터 중화 애국사상을 학습한다. 중화민족의 문화역사적 우월성과 나라사랑의 정신을 가르친다. 이

교육은 중고등학교 때 완성되어 대학생이면 기본적으로 애국자가 되어 있다. 정확히 표현하면 중국 인민은 태어나면 중국 공산당의 거대한 무언적 압박의 영향력 속으로 들어가게 된다. 마치 중학교 교실에서 힘센 반장이 있고 그가 모든 면을 앞서고 있다고 하자. 그가 때때로 부당한 요구를 하거나 실수를 해도 감히 저항하지 못하는 것이다. 만약 '중국은 왜 공권력이 강하고 통제가 심한가?'라고 외국인이 묻는다면 답은 하나다. 사람이 많아서 개인 의견이 분분하면 나라가 혼란스러워진다는 것이다. 개개인의 자유와 권익보다 사회의 안정과 공익을 우선시하는 사회주의적 시각에서 바라보고 있는 것이다.

한편, 대다수 국민이 법이 엄해야 범죄가 줄어든다는 생각을 지지하고 있다. 북경 수도 시민헌장의 내용 중에 남녀평등과 부녀자 존중이라는 구절이 있다. 그리고 살인, 마약, 강간 등 중범죄에 대해 사형이 흔히 선고되며 실제로 집행된다.

중국 TV 뉴스에 자주 범죄 분자에 대한 재판 모습이 나오는 데 특이하게도 모두 고개를 번쩍 쳐들고 있는 모습이 많다. 우리나라처럼 고개를 숙이고 얼굴을 가리는 모습을 좀처럼 보기 어렵다.

중국의 중범죄에 대한 법 집행은 엄해서 선처라는 것이 드물다. 따라서 중범죄자는 검거되면 인생 끝이라고 생각하고 자포자기하는 것이다.

한편, 베이징 후커우 제도의 가치는 놀랍다. 자녀가 명문 대학에 가려 할 경우 유리하며 북경에서의 모든 거주민 혜택을 누린다. 주택 구입, 교육, 의료 등 모든 분야에서 타지에서 온 사람보다 편리하다. 결혼 조건으로 대도시 후커우가 있는지가 중요한 조건이 되기도 한다. 중국 정부는 문제점은 알지만 언제 해결될지 요원해 보인다. 이미 후커우를 가진 기득권이 많아졌기 때문이다.

필자가 처음 중국에 가서 신기해했던 것은 신분증에 주소 외에 민족 표기가 되어 있는 것이었다. 마치 어떤 신분이나 지위처럼 느껴졌다. 언젠가는 이 표기가 없어질 것으로 보인다. 왜냐하면 중국 인민의 단합을 위해 유익해 보이지 않기 때문이다. 조선족이니 한족이니 회족이니 하는 구분이 국민 관리에 도움이 되는지 알 수 없다. 그러나 삼자가 보기에는 경제가 성장할수록 중국이 통일된 나라로서 국민이 화합하는 데에 별 도움이 되지 않을 것으로 여겨진다.

미국은 이민자 연합국가인데 만약 신분증에 독일 계통, 영국 계통, 남미 계통 등으로 표식을 한다면 매우 부적절하다는 비난을 받을 것이다. 인간의 출신성분을 특정하고 분별하려는 시도는 정서적 반감을 부추길 뿐이다.

TV,
잔치처럼 시끌벅적하게

중국의 쇼 프로그램을 보다가 한국의 오락 프로그램을 보면 상대적으로 느리다는 느낌이 있다. 중국 사람이 느리다는 표현은 이제 쓰지 못할 것 같다. 중국 사람의 언어 표현에서 '만만라이(천천히 하다)'라는 표현이 있지만 공무원의 업무처리 말고 많은 분야에서 현재 중국 사회는 속도감 있고 다이내믹하다.

중국도 청년실업률이 높은데, 구직자와 회사를 공개적으로 짝지어 주는 TV 프로그램도 있다. 객관적으로 번듯한 스펙을 가진 해외 유학파 구직자의 희망급여가 월 5~6천 위안(한화 100만여 원)인 경우도 있다. 취업이 어려우니 정부가 창업을 적극 지원하는 분위기도 한국과 유사하다. 칭화대학과 베이징대학은 아예 중관촌 일대를 미국의 실리콘밸리와 같은 창업특별지구로 키우고 있다. 중국 전역이 창업 열기로 들썩이고 있다.

필자가 중국에 처음 간 것은 현대자동차에 근무할 때였고 유학을 본격적으로 간 1990년대 말에는 인터넷이 막 시작하는 때였다. 한어를 배우기 위해 TV 브라운관에 이마를 대고 눈을 감고 오랜 시간 청취력을 키우기도 했다. 나름 언어를 빨리 습득하기 위한 처절한 자신과의 싸움이었다.

유학 온 지 1년 즈음 되던 어느 날 북경 라디오 채널의 교통방송의 빠른 아나운서의 말이 귓속으로 폭포같이 이해되며 쏟아져 들어올 때의 경이로움을 잊을 수 없다.

유학 초창기에 감명 깊게 본 드라마는 〈우쉬에더 동티엔(눈 내리지 않는 겨울)〉이었는데 드라마 줄거리는 남자가 한 여자를 두고 얽힌 진부할 수 있는 스토리였지만 개혁개방 초기의 시대적 배경과 어울려 무척 감명 깊게 보았다. 또 하나는 〈헤이동(검은 동굴)〉인데 공산당 원로의 아들이 밀수와 마약으로 치부하다가 검거되는 내용인데 천다오밍이라는 유명한 배우가 주인공으로 열연했다.

이 드라마는 공산당의 부패의 일면을 자아비판하는 내용으로 인민에게 공산당이 부패분자를 색출해서 스스로 자정노력을 하고 있다는 것을 보여주는 계몽적 드라마였다.

인구가 많은 만큼 중국 연기자의 숫자도 많다. 사회주의 국가의 특성상 선전홍보 장르의 드라마, 춤, 음악 등이 국가 주도로 발전해 왔고 혹자는 세계 3대 연기자의 성지는 뉴욕, 베이징, 모스크바라고 한다.

최근에 재미있게 본 드라마는 〈워먼 지에훈바(우리 결혼하자)〉이다. 중국의 사회 현상 중 하나로 독신 남녀가 증가하는 가운데 결혼 중매회사가 등장하는 시대 배경을 보여 준다. 한 자녀만을 가진 부모들이 결혼을 원치 않는 자녀를 짝지어 주기 위해 발버둥 치는 가운데 빚어지는 코믹하면서도 리얼리티가 있는 드라마이다.

또한 인기몰이를 하고 있는 결혼 상대 찾기 쇼 프로그램인 〈페이청우라오(성사가 안 돼도 괜찮아)〉는 중국 인민의 많은 사랑을 받고 있다. 다양한 민족으로 선남선녀가 나와서 케미를 서로 더듬어 보는 이 프로그램은 인류지대사와 연결되는 짝 찾기 프로그램으로 다이내믹한 템포를 자랑한다.

중국 TV 프로그램을 보면 한어 공부도 되지만 중국 사회의 현재를 각계각층의 방면에서 엿볼 수 있다. 중국 연예인의 출연료는 한국의 수십 배에 달한다. 이유는 간단하다. 인구가 많아 광고로 인한 매출 소득이 수십 배이기 때문에 배당이 큰 것이다.

한국의 연예인들이 중국시장을 진출하는 것은 한국 유명인의 회소성 가치, 한류 바람의 영향과 팬의 양적 확대로 인한 가치 상승이 기대되기 때문이다.

성당(盛唐)으로의 회귀

시진핑의 중국몽은 아메리칸드림과 다르다. 아메리칸드림에서 말하는 성공이란 다음백과에 따르면 기회의 균등 아래 미국에서 스스로의 재능과 능력을 발휘해 부와 명예를 얻는 것을 말하는데, 그 달성 과정에 청교도주의(puritanism)의 전통에 바탕을 둔 근면·절약이 존재하고 있다는 것이 특징이다.

아메리칸드림은 제2차 세계대전 이후에 전개되어 온 냉전체제에서 미국이 자본주의 진영을 주도하면서 미국의 국력과 연관되어 세계적으로 확산되었다. 그러나 베트남 전쟁에서 미국이 첫 패배를 겪으며 좌절한 이후, 한때 아메리칸드림을 지나간 과거의 것으로 치부하는 경향이 강해졌다.

1980년대 강력한 미국을 제창한 레이건 대통령의 등장은 아메리칸드림에 대한 미국인의 포기할 수 없는 집념을 반영한 것이었는데, 이후 1990년대 사회주의 국가가 붕괴하고 미국이 유일한 초강대국으로 국제사회에 군림하게 되자 '미국=성공'이라는 등식이 다시 한번 전 세계적으로 확산되었다.

그러나 1992년 로스앤젤레스에서 발생한 흑인 폭동으로 기회의 균등을 보장한다는 미국의 이미지가 실추되고 2001년 뉴욕에서 발생한 동시다발 테러를 계기로 미국의 패권 정책이 타격을 받게 되면서 아메리칸드림 역시 비판의 도마 위에 오르게 되었다.

시진핑 정부가 주창하는 중국몽은 융성했던 당나라 시대로의 회귀를 지향하고 있다. 이와 더불어 청나라 건륭황제 시대처럼 외국을 제압하려는 경향을 갖고 있다. 이와 관련한 정책은 마치 연어의 회귀처럼 본능적이다. 중국몽은 기회의 균등아래 개인의 재능에 따른 성공 의지를 불태웠던 아메리칸드림

후통(胡同)

과는 차이가 있다.

중국몽은 시진핑 정부 주도의 강대국 진입을 위한 일종의 상의하달 방식의 정치적 무브먼트로 해석된다. 하지만 내외국 인 기회균등과 내·외자기업 기회균등의 시각에서 보면 완전경 쟁 시장이라고 할 수 없다. 당시 세계 최강의 나라였던 당나 라는 현대 중국이 돌아가려는 목표지점처럼 보인다.

참고로, 두산백과에 따르면 중국 당(唐)나라 300년은 중국 역사에 있어서 황금시대로 초당(初唐), 성당(盛唐), 중당(中唐), 만당(晩唐)의 4가지로 당시(唐詩)를 구분하고 있다. 그중에 성 당(盛唐)은 시문학이 가장 융성했던 시기로, 현종(玄宗)의 개원 (開元) 원년(713)에서 숙종(肅宗)의 상원(上元) 2년(761)에 이르 는 48년간을 말한다.

당나라는 농기구 발달로 농업 생산력이 높았으며 실크로드 에 의한 글로벌 무역을 통해 경제적 번영을 구가했다. 한편 한 반도와의 무역관계는 대부분 조공무역이 성행했다.

유라시아 그룹의 설립자 이언 브레머는 『J 커브』라는 책에서 대외개방도가 낮은 나라가 급격히 대외개방을 증가시킬 경우 체제 안정성이 낮아진다고 주장하고 있다. 그런데 이 불안정

구간을 잘 관리하며 꾸준한 성장을 보이면 체제 안정성은 빠르게 회복되어 본격적인 경제성장을 구가할 수 있다고 한다.

현재 중국은 러시아, 유고슬라비아보다는 앞서서 불안정 구간을 통과하고 있으며 그 중심에는 공산당이 있다. 만약 이 구간을 원만하게 통과하지 못하면 경제력 급등점을 만나는 시점이 지연될 것이다.

시진핑은 집단 지도체제에서 몇몇 인사를 중심으로 핵심 지도체제를 가져가면서 다수의 정적을 제거해 왔다. 현 상황에서는 대적할 만한 인물을 찾기 어렵다. 아이로니컬하게도 가장 큰 정적(?)은 경기 침체라는 복병이다. 중국은 역사적으로 민생경제 도탄과 정부 부패에 따른 민심이반으로 왕조 멸망을 초래해 왔다. 그래서 동일하게 지금 공산당에서 가장 공을 들이는 부분도 안정적인 지속성장과 반부패 활동이다.

중국 경제는 1970년대 후반부터 대외개방을 표방하면서 수출무역을 중심으로 경제가 급격히 호전되었다. 그 후 50여 년 동안 현재까지 꾸준하게 경제성장 중심의 정책을 이끌어 왔다. 빠른 성장의 이면에는 과월식 성장이라는 건너뛰기식 광폭 발전을 추구하다 보니 중복 투자로 인한 공급과잉에 시달리기도 했다. 당나라 시대와 같은 부강 국가로의 회귀를 향한

간절하고 집중력 있는 노력의 시간이었다.

개혁개방 초기의 중국의 경제성장 방식은 저렴한 노동력과 외국자본의 결합에서 시작되었다. 덩샤오핑은 실사구시의 기본 방침에 따라 과거에 연연하지 않고 일본을 포함하여 외국의 자본 유치를 적극적으로 추진했다. 한편 외국자본의 중국시장 유입이 새로운 자본 식민지화를 초래할 수 있다는 경계심리로 중국 정부의 자국시장에 대한 보호 정책이 동반되었다.

현대 중국 정치의 면면에는 덩샤오핑의 통치철학이 있다. 필자가 중국으로 유학 가자마자 접한 서적이 『덩샤오핑 이론』이다. 이 저서에는 정치, 경제, 외교, 군사, 사회, 문화 전반에 걸쳐 덩샤오핑의 통치철학이 고스란히 담겨 있다. 각 파트별로 대표 주제를 간략히 살펴보면 다음과 같다.

정치는 사회주의를, 경제는 시장경제를 주장하고 있다. 경제는 특히 당시 많은 반대와 우려에도 불구하고 대외개방과 자유시장 경쟁을 추진했다.

외교는 도광양회이다. 잘난 척하지 않고 겸비하게 힘을 길러야 한다고 했다.

군사 분야에서는 신형 무기개발에 힘을 쓰면서 절대 주변국과 무력충돌을 야기하지 말 것을 당부했다.

사회에서는 질서와 안전을 강조했다. 인구 대국이기에 통치하기 위해 법이 엄해야 함을 피력하고 특히 중범죄에 대해서 엄중하게 처리할 것을 주문하고 있다. 동시에 부녀자 존중, 남녀평등 등을 주장하였다.

덩샤오핑이 지금도 존경받는 것은 노년에도 개인 우상화를 시도하지 않았고 죽어서도 유언대로 유해가 홍콩 앞바다에 뿌려졌다는 것이다. 미라로 만들어져 우상시 되고 있는 마오쩌둥과는 다른 인격을 소유한 사람이었다.

덩샤오핑의 언행에는 실용주의, 애국, 부강한 나라, 자부심, 겸비함 같은 것이 엿보인다. 중국 현재 지도자가 덩샤오핑처럼 한다면 중국 인민의 존경을 받을 것이다.

덩샤오핑의 개혁개방을 한마디로 말하자면 사회주의의 틀 속에서 핀 실용주의의 꽃이라고 할 것이다. 1978년 개혁개방 당시의 사회 분위기는 총체적인 두려움에 싸여 있었다. 폐쇄적인 사회주의의 실패에서 대외 문호 개방으로 급선회에 따른 부담이 있었고 특히 혁명 기득권 세력의 반대가 여전했었다. 개방을 말하는 사람은 혁명세력으로부터 서구의 자본주의를 수입하려 한다는 공격을 받았다.

덩샤오핑은 개혁개방의 정당성을 역설하기 위해 노구를 이끌고 남순강화를 펼쳤다. 공산당의 지침에 따라 움직이는 나라이긴 하지만 전체 국민의 의식과 사고를 목적지를 향해 이끌고 가는 것은 쉬운 일이 아니었다. 중국의 경제회복과 중흥의 역전은 덩샤오핑의 개혁개방에 대한 신념과 추진력으로 시작된 것이다.

위안화 국제화,
공산당의 치적!

　2013년 6월 17일에 중국 인민대학교 천위루(陈雨露) 총장은 위안화의 국제적인 사용은 여전히 시작 단계에 머물고 있다고 주장했다. 그는 또한 "작년의 위안화 국제화 진행속도는 매우 빨랐으며 전년 대비 49%의 성장이 있었다. 그러나 위안화의 국제 사용 수준은 여전히 초보 단계이며, 국내외 경제 상황을 고려하면 반드시 '무역흑자와 자본수출'을 동시에 고수하여 위안화 국제화를 실현해야 한다."라고 역설했다.

그는 나아가 "위안화 국제화는 세계가 주목하는 중국 굴기의 상징이며 국가의 하드파워와 소프트파워가 집결된 분야인 동시에 미래 중장기적인 세계 경제의 변화 국면 가운데 중요한 변수이고 차이나드림의 핵심구성 부분이다."라고 주장하였다.

중국은 왜 위안화를 국제적 화폐로 키우고자 할까? 한 나라의 화폐가 세계에서 널리 통용된다면 그 의미가 무엇일까? 그 해답은 미 달러화의 국제화에서 찾아 볼 수 있을 것이다. 왜냐하면 달러화는 브레튼우즈 협정[1]을 통해 국제통화의 지위를 가지고 세계의 통용화폐로 사용되고 있기 때문이다. 국제화폐가 되는 것은 그 화폐에 대해 세계 금융기관의 보유 수요와 적극적인 사용의지가 수반되어야 가능하다.

달러화가 세계적으로 통용될 수 있었던 것은 최초에는 언제

---

1) 1944년 미국의 브레튼우즈에서 열린 연합국통화금융회의에서 채택된 새로운 국제금융기구에 관한 협정이다. 이 협정에 의하여 IMF(국제통화기금)와 IBRD(국제부흥개발은행)가 창설되었다. IMF와 IBRD를 합쳐서 '브레튼우즈 체제'라고 하는데, 세계 2차대전 후 27년 동안 국제통화제도의 중추적 역할을 담당해온 이 체제는 1971년 닉슨 미국 대통령의 금태환정지 선언(金兌換停止宣言)을 계기로 완전 붕괴, 1972년부터 국제통화제도의 개혁에 대한 논의를 거듭했으며, 1974년 20개국 위원회를 해체하는 대신 잠정위원회를 창설했다.

든지 금으로 교환해 주겠다는 약속과 무역결제화폐로 사용하기로 약정함으로써 글로벌 수요가 증가했기 때문이다. 이러한 국제화폐로서 미 달러화의 사용증가는 2차대전 승전국이자 강대국의 지위가 뒷받침되어 이루어진 것이다.

그렇다면 중국 위안화는 어떠한 이유로 국제화폐가 될 수 있을까? 개발도상국을 막 벗어나려는 수준의 나라이므로 단순히 경제적 지위로는 불가하다. 그것은 글로벌 무역에서 중국의 거래량이 크기 때문이다. 그리고 최근 유행처럼 회자된 G2(Global top two)에 걸맞은 현실 세계의 증표가 필요했다. 무엇보다 중국 공산당의 사회주의 체제의 순항에 대한 상징적 증표로도 위안화의 국제화폐 지위 획득은 의미가 있다.

위안화 국제화의 가시적 진전은 IMF의 특별인출 통화바스켓(대외지원 공급용 통화그룹: 달러, 유로, 파운드, 엔화)에 포함되는 것이었다. 중국은 IMF의 국제준비자산인 SDR의 구성통화로 위안화를 편입하려는 시도를 해 왔다.

한편으로 근년에 유럽 국가 중에서 프랑스를 비롯해 위안화의 SDR 편입을 지지하는 나라가 증가해 왔었다. 2011년 1월 워싱턴에서 개최된 미·중 정상회담에서 미국은 공동 성명서를 통해 SDR 통화바스켓에 위안화 추가를 지지한다고 발표하였다. 2011년 3월에 개최된 G20 재무장관 및 중앙은행 총재 회의에서 위안화를 SDR 바스켓에 포함시키자는 논의가 진전되었다.

2015년 11월 IMF SDR 편입조건인 '수출조건'과 '자유로운 사용조건'을 충족한다고 하였고 2016년 10월 1일부로 특별인출권 자격을 부여받았음을 발표하였다. 10월 1일은 1949년 사회주의 신중국이 성립한 날이므로 정치적 의미가 깊다. 굳이 이 날짜에 국제화폐 지위를 획득한 것은 중국의 요청이 있었던 것으로 보인다.

달러화가 국제적으로 통용하기로 한때와 지금은 화폐시장의 환경이 다르다. 국제화폐라 칭하기 위해서는 국제적으로 사용량이 많고 어디서든지 교환이 자유로우며 화폐가치가 안정적이어야 한다. 위안화는 안정적이긴 하나 달러화에 비해 사용량이 적고 교환도 자유롭지 않다. 따라서 국제통화로서 이름표를 받았지만 원래의 취지에 부합하는 실제적인 국제화폐가 되기에는 시간이 오래 걸릴 것으로 보인다. 마치 자리가 사람에게 일을 하게 하는 것과 같은 것이다. 이는 중국의 글로벌 금융시장에서의 영향력에 의해 얻은 결과이다. 위안화가 실질적으로 국제화가 진전되려면 대내외적으로 중국 금융시장에 대한 개방 압력이 증대할 것이다. 금융 산업에 대한 규제완화 요구도 높아질 것으로 예상된다.

위안화 국제화가 이루어지려면 국내외 금융시장에서 자유롭게 위안화 표시외환거래를 할 수 있어야 한다. 이는 금융 및 외환시장의 개방이 전제되어야만 가능하다. 중국 당국은 위안화 표시 금융상품의 종류가 다양해지도록 금융산업에 대한 규제를 보다 완화하여 국제 금융시장에서의 위안화 투자수요를 더욱 증가시켜야 한다.

위안화의 국제화로 인해 글로벌 유동성이 높아질 즈음에 각국의 위안화의 수입과 수출량이 증가함에 따라 위안화 환율제도의 완전 자율화에 대한 압박이 예상된다. 완전변동환율제의 적용은 위안화 국제화가 해결해야 할 중요한 과제이다. 현재와 같이 위안화가 관리변동환율제로 정부의 통제가 지속되는 상태와 완전변동환율 시스템하에서 위안화가 직면하는 상황은 큰 차이가 있다.

다시 말해, 화폐가치의 안정성이 약화될 수 있고 이는 글로벌 자본시장과 일체화가 진행됨에 따라 투기성 자본의 공격이

후통(胡同)

심화될 수도 있다. 위안화 가치의 변동성이 커지면 중국 정부의 대응수단 또한 관리적 수단 외에 시장을 선행하는 정책수단이 마련되어야 한다.

중국 정부는 중장기적인 관점에서 향후 30년간 위안화 국제화를 3단계 전략으로 추진할 것으로 보인다.

제1단계는 주변 국가에서 위안화 사용을 활성화하는 것이다. 예를 들어 한국, 일본, 러시아 등 중국 국경과 가까운 곳을 변경무역을 통해 위안화 사용을 늘리는 것이다.

제2단계는 아시아 전체 지역으로 위안화 사용을 확대하는 것이다. 이를 통해 위안화 블록을 형성하여 아시아 지역통화로서의 지위를 확고히 하는 것이다.

제3단계는 위안화의 글로벌화를 달성하기 위해 노력하는 것이다. 한편으로 위안화의 기능적인 측면에서는 먼저, 무역 결제통화가 된 다음 금융투자수단이 되고, 마지막으로 국제적으로 보유할 가치가 있는 화폐가 되어 진정한 위안화 국제화 목표를 달성하는 것이다.

향후 글로벌 금융시장에서 위안화 국제화의 증거는 여러 가지 형태로 나타나겠지만 전 세계 중앙은행에서 위안화를 달러화에 버금가는 필수 외환 보유 화폐로서 비축하고 외국 기업과 외국인이 위안화를 보유하고 저축하는 것이 보편적 현상이 될 때 이를 위안화 국제화의 도착점으로 봐야 할 것이다.

따라서 현시점에서 위안화 국제화를 앞당기기 위한 해법은 글로벌 금융시장에 있기보다는 보호주의의 틀에서 벗어나지 못하고 있는 중국 금융 산업에서 찾아야 할 것이다. 중국의 금융산업이 개방화되고 산업 규정이 국제규범에 근접할수록 위안화 국제화는 병행하여 빨라질 것이기 때문이다.

위안화가 국제화된다면 중국과 교역을 하고 있는 많은 나라가 영향을 받지 않을 수 없다. 특히, 한중 관계는 수출입 무역에 있어서 상호 의존도가 높으므로 위안화가 국제화된다면 한국은 몇몇 긍정적인 영향을 받을 수 있다.

첫째, 상대적으로 달러화에 대한 보유 부담과 의존도가 낮아져서 정부와 기업의 외환관리 안정화에 기여할 수 있다.

둘째, 국제무역에 있어서 정부와 기업의 달러 매입 비용이 감소한다.

셋째, 위안화의 가치 상승 시 대중 수출 기업의 수지 개선에 일조한다.

후통(胡同)

넷째, 정부나 기업의 외자의 차입 시 달러 대비 위안화 차입을 선택적으로 고려할 수 있다.

한편으로 위안화가 국제화되면 한국에서 부정적인 부분도 존재한다. 먼저, 무역결제의 위안화 사용이 확대됨에 따른 위안화 매입 비용이 증가한다. 또한 위안화 가치 상승 시 대중 수입기업의 위안화 자금 수요에 대한 압박이 증가할 수 있다.

마지막으로 만약 위안화가 변동환율제를 시행 시 환율 변동폭이 증가하여 달러화와 위안화에 대한 이중적인 환율 관리가 한국 당국에 부담이 될 수 있다.

또한 한국이 중국과의 무역과 자본거래에 있어서 결제 화폐를 다양화하는 것은 한국의 기업 운영과 한국 정부 당국의 외환관리에 긍정적인 면이 있다.

그러나 한국의 입장에서 위안화가 아시아 지역에서 달러화를 구축하고 독점적 위치를 가지는 것은 기존의 달러화에 대한 높은 의존성으로 인해 직면해 온 위험요소를 동일하게 위안화에서도 받는 결과를 낳을 수 있다. 따라서 한국의 입장에서는 국제거래에 있어서 결제 화폐에 대한 선택권을 갖는 것이 보다 중요하다.

후통(胡同)

현재로서는 위안화에 대한 아시아 지역의 공동 화폐의 지위 부여는 한국에 대해 부각할 만한 큰 이득이 없다. 그러므로 달러화, 엔화, 위안화 결제가 한국 측 입장에서는 사용 환경에 따라 선택적 고려대상이 되거나 유로화와 같이 제3의 화폐를 동북아시아 지역 화폐로서 연구 검토하는 것이 더욱 현실성이 있어 보인다.

특히 위안화가 달러화를 구축하고 글로벌 기축통화가 되는 것보다는 위안화가 국제 화폐로 발전하여 국제적 유동성과 호환성이 증가하여 세계 금융시장에서 달러와 유로를 견제하는 역할을 하는 것이 위안화 사용 빈도가 높아지고 있는 한국 기업과 한국 정부에게 더욱 유리할 수 있다.

기타 세계 국가의 입장에서도 위안화 국제화는 가치 변동이 심한 달러화에 대한 의존도를 낮출 수 있고, 특히 미국 금융시장의 모럴해저드로 말미암은 돌발적인 영향을 상당 수준으로 회피할 수 있는 방안이 될 수 있다.

현재 중국 당국은 무역거래 규모 확대를 통한 위안화 유동성 증가를 시도하고 있는데 향후 추가적인 좀 더 구체적이고 세밀한 정책들이 전개되어야 할 것으로 보인다.

위안화 국제화에서 가장 핵심적이고 가능성 있는 방안은 위안화의 국제적 사용빈도를 제고하는 것이다. 그 해답은 해외 지역에서의 위안화 수요 증가에 맞춰져야 한다. 예를 들어 국내의 위안화 통화량 조절과 더불어 국외의 위안화 통화량에 대한 관리 시스템이 필요하다.

위안화의 해외 진출을 위해 개발도상국에 대한 위안화 차관 제공이 가능하며 상대적 저금리로 외국 기업에 위안화 표시 대출을 촉진하는 것도 하나의 방법이다.

차관과 대출 기간 만기 시 위안화로 상환받는 것을 규정한다면 해당 국가나 기업은 위안화의 수요가 증가하게 된다. 또한 세계 각국의 화상들과 연계하여 위안화의 사용빈도를 촉진할 수 있으며 화교 상권에서의 위안화 거래 활성화를 위한 금융 시스템의 지원을 고려할 수 있다.

우리나라는 점차 높아지고 있는 위안화 국제화 수준에 대응하여 향후 발생할 수 있는 긍정적인 측면과 부정적인 요소와 동향을 면밀히 분석할 필요가 있다.

나아가 우리나라 금융 시스템의 체질을 개선하고 강화하여 국제 금융시장의 변화에 유연하게 대처하고 한편으로 원화의 국제화를 위해서도 실현 가능한 구체적 국제화 전략을 마련하고 이를 적극적으로 전개해 나가야 할 것이다.

중국,
창업으로 돌파하라!

    중국의 자수성가 기업인 마윈을 보면 창업의 성패는 창업주의 마인드에 달린 게 분명하다. 최근 대학에서 유행하는 기업가 정신이 성공의 반을 차지한다. 알리바바는 세계 상인의 보다 자유로운 거래를 위해 서비스를 시작했다. 그러나 창업 십수 년 동안 제대로 돈을 벌지 못했다. 그런데도 크게 번창할 때까지 버티게 했던 것은 마윈의 신념 덕분이었다.

    '반드시 성공한다.', '끝까지 간다.' 그러니 참고 견디자.

회사는 못 버티고 퇴사한 사람이 도리어 정상이라고 할 만큼 어려운 시기를 겪었다. 그렇다면 대표의 강인한 정신력이 전부란 말인가? 한마디로 오직 기업가 정신의 승리인가?

창업의 성공에는 몇 가지 요인이 있다. 사업 아이템이 사회 발전과 트렌드에 순행하고 시장 수요가 있어야 한다. 그리고 시장을 타이밍이 적절한 때에 선점할 수 있다면 일단 절반은 성공이다.

그다음으로 어떻게 해서든 필요한 인재를 끌어들이고 일하게 만드는 것도 중요하다. 무엇보다 중요한 것은 광기 어린 열정으로 운영자금을 투자받는 것이다. 투자를 못 받으면 결국 구멍가게 수준에서 그친다.

중국은 바야흐로 청년창업의 전성기다. 정부, 대학, 기업이 하나로 뭉쳐서 전국에 청년창업 단지를 만들어 저렴하게 임대하며 전방위적인 컨설팅과 창업 자금을 지원하고 있다. 미국 실리콘밸리 초기 모습을 연상케하는 실제적인 지원이 이루어지고 있다.

2014년 중국 정부는 중국 경제의 지속 발전을 위해 소위 경제의 신창타이(新常态: 새로운 상황)에 걸맞은 새로운 발전 모델

을 제시해야 한다고 주장했다. 전 국민의 창업을 역설하면서 국민의 창업과 혁신(大众创业, 万众创新)을 역설하며 범정부적인 지원을 공언했다. 베이징 중관춘(中关村)에 차고 카페를 허가하고 자유로운 젊은 층의 창업을 유도했다. 투자자가 직접 차고 카페를 찾아가서 유망한 스타트업을 발굴하기에 이르며 활성화되었다.

만약 서울시가 용산 전자상가 일대를 개발하여 대단지 청년 창업 창고를 만들어 줬다면 얼마나 좋을까? 우리나라는 왜 지역에 이렇게 도시마다 대규모 청년창업 단지를 만들지 못하는

지 아쉬움이 생긴다. 예를 들어 전국에 수십 개의 창업 특별
지구를 설치하는 것이다.

　중국은 우리보다 앞서 크라우드 펀딩을 활성화시켰다. 전
통적인 제조업 중심의 무한 경쟁 속에서 성장해 온 중국은
성장의 한계가 있다. 창업은 이런 갈증을 해소하는 돌파구이
다. 시중에 흘러넘치는 창업 자금을 벤처기업과 연결해 주는
펀딩 플랫폼을 활성화시켜주는 것은 중국 정부의 신의 한 수
였다.

　중국에서는 지금 하루 1만 개의 창업이 생긴다고 한다. 산
술적으로 보면 1인 기업이라도 한 달에 30만 개의 일자리가
탄생한다는 것이다. 양적으로 놀라운 숫자이다.

　우리나라는 인터넷 속도로 앞서 있지만 창업 지원에서는
중국에 뒤진다. 여전히 창업 절차, 자금 유치 등이 수월치 않
다. 신규 창업의 경우 간단한 심사와 바로 창업할 수 있는 인
프라와 지원 프로세스가 마련되어야 한다. 구직 청년들에게
수당을 줄 것이 아니라 생애 최초 개인사업자 등록증이 나오
면 축하금과 사업단계별 저금리의 운영자금 지원이 있어야
할 것이다.

창업 멘토는 초기 창업 고비를 넘기고 돈을 벌기 시작한 벤처기업 대표가 맡아야 한다. 이론가나 교육자가 지도하기에는 창업 현장은 너무나도 복잡하고 치열하기 때문이다. 창업을 한 번도 경험하지 못한 사람이 창업을 말할 수 있겠는가? 대학에서는 기업가 정신과 성공사례를 객관적으로 전수할 필요가 있다. 이렇게 정확한 역할 분담이 되어야 실질적인 멘토가 가능하다.

한국의 경우에 여전히 복잡한 관공서 문서와 절차는 창업 열기를 식힌다. 투자 받기 어렵고 손해 보지 않고 조기에 이윤을 얻으려는 투자자의 마인드에서는 창업 열정이 타오르기 어렵다.

전국 구청마다 규모 있는 창업 카페를 만들어 자유롭게 창업 정보를 교류하고 조언과 투자를 받을 수 있게 전문가를 연결해 준다면 많은 도움이 될 것이다.

투자금은 창업 초기 단계에서는 받기 어렵다. 청년창업자가 필요한 것은 아이디어를 가지고 시제품을 만들고 마케팅을 통해 판로를 개척하는 것인데 시드머니가 없으면 이도 저도 어렵다. 그래서 아르바이트로 모은 쌈짓돈과 부모, 친척들에게 빌려서 창업을 시도하는데 심적 부담이 이만저만하지 않다. 은행 대출을 하자면 담보를 요구하고 제2금융권은 높은 이자를 요구한다.

한국의 와디즈 같은 곳에서 정부의 지원을 받아 초기 사업자에게 서비스를 제공하며 사업 자금의 접근이 용이하도록 했으면 한다. 그리고 한국 외식사업자들에게 전망 있는 외식사업을 하나 소개하고 싶다.

그것은 택시 기사들을 위한 뷔페 체인망 사업이다. 중국 택시 기사들의 식사하는 상황을 보면 풍성해 보이지 않는다. 그래서 중국 기사들을 위해 한국의 기사식당처럼 운영하는 것인데, 중국도 대도시 중심의 임대료가 만만치 않기 때문에 도시 외곽에 주차장을 넓게 확보하고 기사들을 위한 뷔페 체인점을 해 보는 것이다.

중국,
알록달록 문화의 다양성

중국인의 문화는 단순하지 않고 다양하다. 맛에 비유하자면 자극적이고 향이 강하며 담백하지 않다. 베이징이든 상하이든 이른 아침 도시의 광장이나 공원에 나가면 이국적인 풍경을 맞이한다. 우선 사람이 많이 모인 곳은 음악과 군무가 넘실댄다. 한편에서는 다양한 운동을 하고 있다.

태극권, 기공(파룬궁 단속 때문에 많이 안 보임), 제기차기, 악기 연주, 큰 붓으로 바닥에 글쓰기, 팽이 양손으로 돌리기, 큰 채찍

후통(胡同)

휘두르기, 사교댄스 등 그야말로 현란하고 다양한 볼거리를 제공한다.

이처럼 시끌벅적하고 다이내믹한 공원의 아침 풍경은 세계 어느 곳에도 없을 것이다. 모두가 건강을 위해 하는 운동이고 취미활동이다. 중국인들은 집단적으로 모여서 어떤 활동을 하는 것에 익숙한 듯하다.

다른 사람의 시선에 상당히 자유롭다. 필자는 체면을 중시하는 중국인이 어떻게 다른 사람의 시선을 개의치 않고 다소 튀는 행동을 하는지 궁금했다.

한때 중국인은 어떤 생각이 있는지 알고 싶어 차이나 리서치라는 인터넷 리서치 회사를 만들어 직접 알아본 적이 있다. 중국인이 붉은색을 선호한다는 말을 듣고 실제로 붉은색을 상품 디자인에서 선호하는지 조사한 적이 있다. 자동차를 살 때는 어떤 색을 선호할지에 대해 500명을 조사한 결과는 의외였다. 압도적으로 검은색 차를 선호한다는 결과가 나왔기 때문이다.

그런데 왜 중국인이 붉은색을 좋아한다고 하는지 알아보니 혼사나 축의금 봉투 등 특별한 상황에서 붉은색을 선호함을 알 수 있었다. 홍홍(红红)은 중국어로 잘된다, 잘 나간다는 의미인데 불이 타는 듯이 활기찬 기운을 뜻한다. 또 사회주의 체제가 되면서 동네 골목에 많은 정치성 선전 구호가 쓰였는데 붉은색이 자극적이고 선명해 보이는 효과가 있었다.

북경 사람은 비교적 전통적 보수적 경향을 보여서 의복에서는 요란하지 않고 무난한 색상을 선호한다. 상해 등 남방으로 가면 울긋불긋 화려한 색상이 거리에 넘친다. 이렇게 지방마다 선호도가 다르게 나타나서 중국을 하나의 나라로 보고 접근하면 오해의 소지가 생긴다. 지방별로 문화적 특성이 강하기 때문이다.

이러한 다양한 문화를 통합한 사회주의가 놀라울 따름이다. 중국인의 다양성 경향이 사회주의 체제가 되고 생겨난 것인지 그 이전부터 있는지가 궁금하다.

중국 봉건사회 문화를 보면 경극(베이징 오페라), 변검술(빠르게 얼굴 가면 바꾸기) 같은 이름난 표현예술이 있다. 아마도 전해져 오는 다양한 예술, 잡기가 사회 주체 체제가 되면서 볼거리 문화로 강화되고 체계화되었을 가능성을 배제하기 어렵다. 마오쩌둥은 인민 해방군을 이끌고 전쟁을 수행하는 와중에도 음악, 무용, 단막극, 인형극, 상성(만담) 등의 공연으로 지친 병사를 위로했다.

전통문화예술이 병영문화예술로 변화하면서 군무와 같은 집단예술이 발전해왔다. 최근의 중국 집단예술을 보면 병영문화의 색채를 벗고 순수예술과 신화에 근거한 화려하고 웅장한 무도와 음악을 선보이며 수준을 높이고 있다.

중국인의 마음이 억압된 사회 분위기 속에서 유일한 해방구인 취미활동으로 쏠리는 것은 아닌지, 건강과 자유 이 두 가지에 대한 충족감이 사람들을 광장으로 나오게 하는 것이 아닌가. 그리고 좀 더 자유롭기 위해 다소 우스꽝스럽게 특이한 개성을 표현하는 것이 아닌지 추측해 본다. 행인이 보지 않는 실내에서 하는 것보다 열린 공간에서 댄스를 하는 것은 작은 것도 감추기 힘든 사회주의 집단주의의 영향일 수도 있다.

중년이 넘은 대부분의 중국인은 사회주의화 과정의 여정 속에서 근검절약과 건전한 여가생활에 대해 익숙해져 왔다. 그래서인지 돈 안 들이고 하는 광장, 공원에서 하는 군무나 취미활동 등이 발전했을 가능성도 있다.

혹한에 윗옷을 벗고 무시무시하게 생긴 긴 채찍을 탕탕 돌려대며 연신 땀을 흘리는 중년 남성의 모습은 지금 생각해도 신기할 따름이다. 잠시 빌려 흉내를 내보려 했지만 모방 불가였다.

공원 한쪽에서 서너 명의 중년 남녀가 큰 제기를 서로 발로 주거니 받거니 하는 모습도 진기하다. 한겨울에 빨간 내복을 입은 중년 여인이 제기를 묘기에 가깝게 툭툭 차대는 모습은 강렬한 인상으로 남아있다.

이른 아침에 동네 사람들이 조롱을 공원 나뭇가지에 걸어두고 운동을 하는 모습을 흔히 본다. 우리나라에서는 보기 어려운 풍경이다. 조롱 안의 새도 주인의 마음을 아는 듯이 즐겁게 노래한다. 새와 사람이 친구처럼 정겹다. 중국 사람의 생명에 대한 경이로운 배려와 정감을 느끼게 한다. 유유자적하면서 검소한 국민이 대도시의 풍경을 여유롭게 한다.

북경의 판자위엔에 가면 민간 골동품과 예술품 시장이 열린다. 민간 골동품, 미술 작품, 팔찌, 장신구 등 다양한 민간 예술품이 전시되고 팔린다. 총우(宠物) 시장에 가면 새, 거북이, 고양이 심지어 뱀까지 수십 종의 애완동물 파는 곳도 있다. 가을 초입에는 귀뚜라미를 팔기도 한다.

연을 날리고 싶으면 연 전문시장에 가서 커다란 용이 그려진 연을 살 수 있다. 필자도 대형 연을 사서 큰바람이 불 때 공원에서 날려 본 적이 있다. 바람이 세차게 불 때 연을 날리면 온몸으로 버티며 상당한 근력 운동이 된다. 필자가 어릴 적에 날리던 가오리연이나 방패연에 비하면 크기도 크고 파워 풀한 연날리기는 어른을 유혹하기에 충분하다.

중국의 군사력과
타이완

중국인은 도광양회, 실사구시, 선부론 등 개혁개방 이후 정부 주도의 지속적인 정신교육으로 인민들의 성향이 대체적으로 순종적이다. 철저하게 관리되는 사회이므로 반정부 세력이 조직화될 수 있는 토양이 안된다.

1999년 유고슬라비아 주재 중국대사관이 어처구니없이 피폭되는 일이 있었을 때는 분위기가 사뭇 달랐다. 그해 5월 7일 (북경 시간 5월 8일) 새벽에 미국 본토에서 이륙한 B-2 폭격기가 유고슬라비아로 출격하여 다섯 발의 미사일을 발사했다. 미사일에 피폭된 중국대사관에서 신화사, 광명일보 등 기자 세 명이 사망했다.

강력한 정부의 뒤늦은 항의 발표가 있었고 중국인민들은 분노했다. 대학생들이 북경 시내로 뛰쳐나왔고 미국 대사관에 돌을 던졌다. 어처구니없는 피폭사건에 대해 자존심이 많이 상했다는 것을 직접적으로 표명한 것이다.

그 이후 9·11 테러가 일어났을 때 필자는 베이징의 대외경제무역대학교 금융학원에서 수업을 듣고 있었다. 미국의 세기말적 테러를 접한 중국 대학생의 반응은 놀라웠다. 수업 시간에 뛰쳐나와 와글와글 밝게 웃는 표정으로 이 꿈에서나 들을 것 같은 놀라운 뉴스에 흥분해 있었다. 나는 어떤 표정을 지어야 적절한지 몰랐고 외계에 와 있는 기분이 들었다. 유고 대사관 피폭에서 받았던 스트레스를 9·11 테러로 털어내고 있었다. 창밖에는 따가운 가을 햇살이 눈부시게 빛났다. 그때 나는 잠시 스쳐 가는 생각이 하나 있었는데 지금도 그 생각이 맞다고 생각한다. 중국은 미국의 친구가 아니구나… 그럼 뭐지? 경쟁자 혹은 적인 것이다.

두 나라의 정책의 방향은 패권주의와 자국 이익이라는 종착

점에서 부딪히고 있다. 물론 개개인은 그런 의식이 없다. 햄버거를 즐겨 먹고 미국 유학을 꿈꾸며 미국인과 결혼하는 것도 전혀 거부감이 없다. 그러나 국가 대 국가로 보면 다분히 그렇게 여길 만한 역사적 사건이 많다.

중국은 역사적으로 서양 강대국들의 식민지 패권주의로 공격받아 왔기에 지금도 패권주의에 대해 민감하게 반응한다. 하지만 지금 중국은 다른 나라의 패권주의에 대응하기 위한 수단으로 아시아 지역 패권주의를 지향하고 있다. 우리나라의 사드 문제나 일본과 동남아시아 국가와의 영토 분쟁은 표면적으로 자국의 이익을 보호하기 위한 것으로 보인다. 그러나 그 내면에는 적어도 아시아에서 패권을 쥐려는 야심이 숨어 있다.

그 과정에서의 가장 큰 걸림돌은 미국이다. 미국을 장래의 맞수로 보고 있지만 현재로서는 체급이 다른 권투 선수라고 본다. 최근의 중국 공산당 주도의 과시적인 성급한 도전과 갈등 유발은 중국 경제의 순항과 발전에 장애가 된다는 다수의 의견이 있다.

중국의 타이완에 대한 무력시위는 중국과 타이완 간의 긴장을 낳고 있다. 대표적으로 2019년 초에 중국의 전투기 2대가 타이완 상공을 침범한 사건이 있다. 당시 타이완 전역은 비상경계에 들어갔고 일촉즉발의 충돌 위기에 직면했었다.

한편 미국 해군 함정은 2018년 7월과 10월, 11월 타이완해협을 통과한 이후 2019년에 들어서도 1월, 2월, 3월 타이완해협을 통과하며 소위 '항행의 자유' 작전을 매달 정례화하고 있어 중국이 거세게 반발하고 있다.

미국의 '항행의 자유' 개념은 공해상에서 누구든지 자유롭게 항행할 수 있다는 것이다. 미국이 남 중국해에서 이 개념을 적용한 이유는 중국정부가 남중국해 섬들을 군사기지화하려는 움직임을 견제하려는 의도이다.

중국의 타이완에 대한 입장은 흡수통일이다. 개념적으로 현재는 1국 2체제를 구사하며 타이완을 하나의 성으로 규정하고 있다. 중국은 타이완이 스스로 주권을 가진 독립 국가임을 표방할 때마다 전투기 등을 통원한 무력시위를 하고 있다. 타이완인은 심리적 압박과 동반하여 민심이 양분되고 있다. 타이완과 중국은 한국과 북한보다 더 경제적으로는 협력관계가 밀접하다. 중국군은 장개석 군대와 싸워 이긴 승전 군대로서 육·해·공군 전력에서 더욱 막강한 전투력을 보유하기 위해 노력하고 있다.

중국군의 공식 명칭은 중국인민해방군이다. 말 그대로 인민
을 어디로부터 해방시킨 군대라는 뜻인데 다분히 사회주의 혁
명의 의미를 내포하고 있다. 중국의 농민을 대지주에게서 해
방시켰다는 의미이다. 구체적으로 말하면 무력으로 대지주의
재산을 몰수하여 국유화하고 공동생산 공동분배를 추진한 것
이다.

인민해방군의 전술의 핵심은 농촌이 도시를 포위(農村包圍
城市)한다는 것이다. 다시 말해 농민들을 인민해방군으로 편
입하여 도심을 공략하는 전술이다. 1927년에 사회주의 혁명
을 위해 창설된 당시에는 홍군(红军)이라 불렀다. 중국 국가도
인민해방군가를 그대로 쓰고 있다.

인민해방군은 경제발전과 인력의 고급화로 인하여 모병제로
운용되고 있다. 현역병이 230만여 명, 예비군이 80만여 명이
다. 해군은 3개 항모전단을 계획하여 항모인 랴오닝호가 실전
배치 중이다. 공군은 제5세대 스텔스 전투기를 보유하고 있
다. 물론 핵폭탄, 수소폭탄, 대륙간탄도미사일을 보유하고 있
다. 마오쩌둥의 지시로 구소련의 기술과 전문가를 수입하여

폭탄과 미사일 제조기술을 전수받았다. 스톡홀름 국제평화연구소(SIPRI)에 따르면 중국은 현재 2~3백 발의 핵폭탄을 보유하고 있다고 알려져 있다.

필자는 중국 유학시절 중국어를 배우기 위해 드라마를 많이 보았다. 원래 드라마를 좋아한 것은 아니다. 중국어가 능통하지 않으니 밖에 나가서 중국인들과 말을 섞어 보기가 사뭇 부담스러웠다. 대신에 중국인의 마인드를 알고자 하는 원대한(?) 취지에서 연속극을 좀 보는 것이 좋다는 생각이 들었다.

중국 연예계의 배우는 연기력이 대단하다. 인구가 많아서인지 연예인의 저변이 무척이나 넓고 스타가 되는 것도 어렵다.

나는 드라마를 볼 때 TV 스크린에 이마를 대고 눈을 감고 30, 40분씩 듣기 연습을 한 적이 있다. 마치 이마와 스크린을 접지하면 대사가 살아서 머릿속으로 들어갈지도 모른다는 상상을 하면서 말이다. 물론 아무도 없을 때 방 안에서 혼자서 이런 이상한 짓을 했다. 지금 생각해도 단순 무식하면서 효과적인 공부 방법이었다.

어느 날 며칠간 〈잉쥐다뒈이(赢聚大队)〉라는 파일럿 드라마를 인상 깊게 보았다. 톰 크루즈 주연의 〈탑건〉과 같은 드라마였는데 이방인의 주의를 끈 스틸 컷이 있었다. 편대가 폭격 훈련을 하기 위해 출격해서 서로 교신하는 부분이 있었다. 화면은 전투기 조종사의 앞에 있는 계기판을 비추었다. 순간이었지만 화면에는 한반도 지도가 뚜렷하게 나타났다. 전투기들은 한반도 어느 지점에 가상 폭격 임무를 완수하고 돌아왔다. 순간 정신이 확 드는 느낌을 지금도 지울 수 없다. 비록 드라마지만 아! 한반도를 타깃으로 폭격 훈련이라…. 묘한 감정이 들었다. 한반도에서 전쟁이 나면 한국인 유학생은 같이 공부하는 중국 학생을 전장에서 만날지도 모르겠구나. 만에 하나 한반도에서 전쟁이 나면 말이다.

중국은 북한에 재산권을 많이 가지고 있다. 투자도 많이 했다. 북한에 투자된 외국자본의 85%를 중국이 차지하고 있다. 한반도에서 전쟁이 나면 재산권 보호를 위해 군대를 투입할 명분이 있는 것이다. 그리고 중국과 북한은 피로 맺은 혈맹관계라고 한다. 마오쩌둥의 아들이 한국전쟁 때 전장에서 전사했었다.

덩샤오핑의 도광양회론을 접어두고 화평굴기를 추진하는

시진핑은 남사군도와 서사군도에서 무력굴기를 불사하며 영토·영해 분쟁을 주도하고 있다. 베트남과는 남사군도 100여 곳 가운데 스무 곳에서 영유권 주장을 다투고 있다. 이 밖에도 필리핀, 말레이시아, 인도네시아, 일본 등과 동시다발적으로 영유권 분쟁을 진행 중이다. 분쟁이 되고 있는 도서는 서로의 역사적 해석이 대립되어 한국과 일본의 독도나 일본과 중국의 조어도(센카쿠 열도)에 버금가는 갈등 양상을 보이고 있다.

미국은 중국의 남사, 서사군도 분쟁을 두고 동남아시아 국가를 지원하여 군함을 운항하거나, B-52 전략폭격기를 중국 측 방공식별구역으로 출격시키는 등 중국과 대립각을 세우고 있다. 그야말로 중국은 자의든 타의든 '이제 힘이 있으니 싸운다'는 분쟁굴기의 시대를 작정하고 있는 것이다.

중국 공산당

약 4천만 명의 당원으로 움직이는 중국 공산당은 중국을 실질적으로 지배하는 거대 정당이다. 공산당은 천오백 명 이상의 의결기구인 전국인민대표자대회(전인대)를 통해 200명의 중앙위원회 위원을 선출하고 이를 통해 최고위급 정치국 위원을 선출한다. 중앙기율검사위원회는 공산당 간부들을 감독하는 기구이며, 중앙군사위원회는 군 통솔권을 행사한다. 공산당의 기관지는 『인민일보』가 있어서 공산당의 의견과 입장을 발표한다.

2012년 베이징외국어대학교에서 한 세미나가 있었다. 북경 외대 모 연구소에서 소규모로 개최한 대학원생 대상 세미나였다. 주제는 중국 공산당의 기원에 관한 것으로 한국에서 이 방면에 연구가 깊은 학자 한 사람이 왔다. 강의 내용에서 놀라운 주장이 나왔는데, 중국 공산당의 기원에 관한 것이었다. 중국군은 일본 등 침략 세력을 물리치기 위해 군사적 지원이 필요했다. 그래서 부득불 구소련으로부터 무기를 지원받으면서 옵션으로 사회주의 이념을 수입했다는 주장이었다.

발표가 끝나고 질문시간이 있었는데 십여 명의 중국 대학원생이 굳은 표정으로 묵묵부답이었다. 답답한 마음에 초대 손님으로 간 내가 질문했다. 중국 공산당에 대해 한국 학자가 발표하고 유일한 질문자도 한국 사람이니 진귀한(?) 광경이 연출됐다. 나의 질문보다도 더 내 기억에 남는 것은 묵묵부답으로 상기되어 있던 중국 학생의 표정이다.

어릴 때부터 받아온 공산당에 대한 교육과 대치되는 강의 내용에 어떻게 반응해야 할지 모르는 모양새였다. 중국 대학생은 대체로 정치에 대한 비판을 하지 않는다. 정부를 믿는다기보다도 나와 상관없는 일이라고 생각하는 듯하다. 그리고 정부에 대한 비판을 하는 것은 금기시되고 있다. 정부의 관리가 엄하기 때문에 불이익에 대한 부담이 있다. 유명인이 아니더라도 일반 국민의 정부 비판은 총명하지 못한 행동으로 인식되고 있다.

한국에서는 대학에서 정치와 정치인에 대한 비판은 다반사이다. 그러나 중국 대학에서는 학생이 정치에 대해 비판하거나 정치인을 비판하는 이야기는 거의 찾아보기 어렵다. 만약 정치에 관심 있는 한국 유학생이 푸다오(서로 배우기)를 할 때 정치 문제를 말하면 중국 학생은 묵묵부답일 것이다.

이런 경우 중국인의 묵묵부답은 소이부답(笑而不答)이 아니다. 말하고 싶은 것이 있어 보이지만 말하기 싫은 표정, 다시 말해 다소 부자연스러운 묵묵부답인 것이다. 이 묵묵부답이 중국 정치의 모든 것을 의미한다. 묵묵히 순응하려는 태도, 말해 보았자 소용없다는 태도, 마음에 안 들지만 말하기 싫다는 냉소적 태도가 포함되어 있다. 중국인의 말하기 좋아하는 특성상 묵묵부답은 상당한 의미를 가진 것이다. 통제되고 관리된 사회, 사회와 국가 우선주의, 공산당의 장기집권 속에서 먹고살기 바쁜 인민들이 중국 정치에 대해 묵묵부답인 것은 골치 아픈 일에 엮이고 싶지 않다는 의미이다.

이웃집에 대한 험담처럼 언젠가 정치와 정치인에 대한 수다스러운 험담이 광장에 울려 퍼질 날이 올 것이다. 그때는 먹고사는 문제가 전혀 관심 밖의 일이고 즐기고 표현하고 교류하는 것에 온통 관심이 빼앗기는 선진국 사회가 되었을 때 불현듯 나타날 것이다. 이런 상상을 해 보면 나는 중국 정부가 지금보다 더 정직하고 투명하고 모범적이고 자기희생적인 리더십으로 성장해야 함을 느낀다. 세계사를 보면 권력이 과도하게 집중된 정부가 오도할 때 나타나는 부작용이 많다.

덩샤오핑은 공산당 내에서도 권력 집중에 대한 위기의식을 갖고 10인 집단지도 체제를 만들었었다. 지금은 국가 주석에게 모든 권력이 집중되어 있다. 견제세력이 없다는 것은 독단에 흐르기 쉽고 독단은 결정의 오류를 범하기 쉬우며 오류를 부인하기 위한 잘못된 정책의 연속이 나타나기 쉽다. 그만큼 현 중국 정부는 과도한 권력 집중으로 불안정한 상태이다.

여론의 이러한 시각을 의식한 듯 중국 정부는 관심의 방향을 민생과 경제성장에 돌리고 있다. 경제만 계속 성장해 준다면 정치체제는 얼마든지 합리화할 수 있다는 것이다. 경제만 온전하게 성장가도를 달린다면 어떤 형태의 통치이던 용인될 수 있다는 것이다. 무역협상에서 중국 정부가 자존심을 내놓고 미국 정부에게 저자세를 취하는 것도 오직 하나 경제성장을 통해 집권을 유지하는 명확한 방향성을 가지고 있기 때문이다.

중국 정부의 모든 정책은 방향성과 속도를 중요시한다. 그러나 속도가 느리더라도 방향이 맞으면 오케이다. 중국 정부는 앞으로는 경제성장을 바라보고 있다. 동시에 인민을 옆으로 바라보고 있다. 경제성장이 옳은 방향으로 가고 있다면 모든 인민의 문제는 점차 해결된다고 믿고 있는 것이다.

이러한 경제성장 만능주의는 개혁개방 초기부터 있어 왔다. 빈부격차 문제의 해결책을 말할 때도 마찬가지다. 선부론을 내세워 여론을 달랬다. 선부론은 먼저 부자가 되자가 아니다. 동시에 부자가 될 수 없으니 먼저 부자가 되는 것을 용인하자이다. 그래서 그런지 중국에서는 부자에 대한 시기와 그로 인한 감정적 테러 같은 사건이 드물다.

문제는 빈부격차의 해결책이 뾰족하게 나오지 않고 있다는 것이다. 분배를 우선시하는 사회주의 제도에서조차 묘책이 없는 것이다. 중국 정부는 이에 대해 이렇게 말한다. "경제가 계속 성장하면 언젠가 해결될 문제이다."라고. 틀린 말은 아닌데

성장 과정에서 문제가 생기고 경제성장이 둔화되면 상대적 빈곤을 느끼는 부류는 더욱 불만이 커질 것이다. 중산층과 빈곤층 사이에 있는 인민에게서 불만의 목소리가 가장 높다. 빈곤층이 되어 정부의 보호를 받는 것도 아니고 중산층 수준의 생활을 영위하지도 못하며 삶이 쪼달리고 팍팍한 사람이 웅성대고 있는 것이다. 이들 중에는 농민도 있고 도시 저소득층도 있다.

얼마 전 텔레비전에 〈저우지층(走基层)〉이라는 대담 프로그램이 있었다. 도시 저소득층을 출연시켜 생활의 어려움을 말하고 정부가 어떻게 도와주었는지를 말하는 대담 프로그램이다. 다소 어색하지만 사회 불안계층에 대한 정부의 '돌봄'프로였다. 정확히 말하자면 정부의 정책 홍보프로그램이라고 할 수 있다.

사회주의 국가의 큰 공통점은 정책에 대한 선전 홍보력이 강하다는 것이다. 정책을 홍보하기 위해 문화 예술 장르를 동원하기도 한다. 내전 시기 인민해방군은 고된 전장의 피로를 씻고 에너지를 재충전하기 위해 춤, 노래, 연극 등을 일상화해 왔다. 무대가 크든지 작든지 상관이 없었다. 노래를 잘하든 못하든 모두가 예술단원이었고 전사였던 것이다. 공산당 치적을 극단적으로 홍보하는 대중가요가 있는데 제목은 이렇다.

〈메이요 공찬당 메이요 신중궈(没有共产党没有新中国: 공산당이 없으면 신중국도 없다)〉

중국 공산당이 가장 신경 쓰는 또 하나의 분야는 부정부패의 척결이다. 중국 역사를 보면 황실의 방탕함은 황조 몰락을 자초했다. 지금의 공산당은 중국 왕조에 버금가는 절대권력을 유지하고 있다. 마찬가지로 정권의 부패는 민심의 이반을 초래하여 곧 멸당을 의미하는 것이다. 그래서 정부 주도로 공산당원의 자정 노력을 자주 추진한다. 시범 케이스로 거물급 당원을 숙청하는 것이다. 충칭 당서기 보시라이가 대표적인 케이스라고 하겠다. 부패 척결을 위한 숙청으로 민심을 달래는 것은 중요한 정치 이벤트이다. 누군든지 표적이 될 수 있고 표적이 되면 여지없이 중벌을 받게 된다.

수년 전, 중국핵공업집단(한국의 한수원)의 총재가 외국 원자력 설비 도입과 관련하여 거액의 뇌물을 수수한 사건이 발생했다.

그는 종신형에 정치권력 박탈, 전 재산 몰수라는 중형을 받았다.

정책의 빠른 변화와
예측불가성

휘처파오더콰이 취엔카오처터우다이(火车跑得快全靠车头带: 기차가 빨리 달리는 것은 기관차의 끄는 힘에 달렸다) 중국 공산당 이 1949년 사회주의 체제를 시작하면서 자주 하는 말이다. 수 많은 중국 인민을 먹여 살릴 수 있는 것은 공산당의 영도에 달렸다는 말이다. 공산당은 공칭투안(共靑团: 공산청년단)과 같 은 엘리트 양성 루트를 통해 핵심 간부를 키워왔다.

시진핑 정부의 정치경제 정책은 약간의 좌클릭 경향과 시장

경제 중시의 우파 정책이 혼재한다. 좌편향 정책의 경향은 회자되는 칠부강(七不讲)이라는 사회적 묵계에서 유추할 수 있다. 칠부강이란 보편적 가치, 언론자유, 시민사회, 시민권, 공산당의 과오, 권력자산계급, 사법권 독립에 대해 대학에서 다루지 않는다는 불문율이다.

중국 정부는 정책 추진력이 강하다. '○○○에 대한 약간의 의견'이라는 한 장의 간결한 의견서로 행정력을 동원할 수 있다. 예를 들어 주택 가격 안정화를 위해 새 정책이 필요할 때 중앙 관계부서의 의견서를 하달하면 전국 행정조직에서 곧바로 실행하게 된다. 중국 중앙정부의 강력한 정책 추진력은 중앙으로의 권력 집중에 따른 효과이다. 권력집중에 대해 어떤 이는 독재의 산물이라고 하고 어떤 이는 대국 경영의 불가피성을 역설한다. 빠른 정책결정 덕분에 중국 정부의 정책은 변화가 많다. 더불어 미래정책에 대한 예측력도 낮아 한 사안에 대해 다양한 의견들이 난무한다.

바다의 기상 상황에 비유하면 태풍, 높은 파도, 잔잔함 등의 예보가 템포가 빠르게 다이내믹하게 나타나는 것이다. 시진핑 정부의 미래를 예측하는 것은 이와 같이 용이하지 않다. 바다로 나가는 어부가 글로벌 기업이라면 진입과 철수에 대한 타이밍을 잡기 힘들다는 것이다. 중국 시장이 고기가 많은 바다인 것은 분명하지만 기상변화가 심해 그물을 내리기가 어렵다는 것이다. 자칫하면 어구를 모두 잃고 철수할 수도 있다. '버티기 힘들다.' 중국 시장에 대한 한국 기업인의 말이다.

이미 많은 기업이 중국을 떠나 베트남, 인도네시아 등지로 옮겼다. 분명한 것은 중국 정부는 중국 이익 우선주의와 공산당 우선주의의 철칙 아래 움직인다. 중국 이익 우선주의는 중국 기업과 중국인의 이익을 우선하는 것이다.

예를 들어 외국 기업이 중국에서 중국 기업과 소송을 할 경우 인민법원은 자국 기업 편향을 보인다. 외국 기업이 많이 억울해하는 부분이다. 그래서 중외 합작계약을 할 때 소송 지역을 외국 법원도 추가하여 명시하기도 한다. 초기 게임 산업 선두에 있었던 A사의 경우에도 상하이 샨다와의 지식재산권 소송으로 많은 어려움을 겪었었다.

나아가 중국 기업과 공산당의 이해관계가 충돌할 경우 공산당의 이익을 우선한다. 가끔 공공 자리에서 공산당이나 정부에 대한 비판을 한 CEO의 즉각적인 퇴출과 몰락이 보도된다. 물론 죄명은 공산당 대적죄가 아닌 학력위조, 조세 포탈, 부도덕성이나 뇌물 사건 등이다. 시범케이스로 불경죄를 엄벌하여 중국의 대기업 오너들이 공산당을 대적하는 언동을 원천봉쇄한다. 영어 강사 출신 알리바바 CEO 마윈의 경우, 공산당 정책을 공공연히 비판하다 자리에서 물러났다. 상하이 샨다의 CEO였던 탕쥔도 대학 강연에서 공산당 지도부를 함부로 언급하다 학력위조를 빌미로 퇴출되었다.

중국 정부는 최근 개혁개방에 기여한 100명을 표창했다. 이들 100명은 전 산업 분야에 걸쳐 있으며, 이 가운데 17명의 민영기업인 대표가 뽑혔다. 대표적으로 중국 빅3 IT기업 거물인 마윈, 마화텅, 리옌훙이 선정되었으며 마화텅과 리옌훙은 무소속이고 마윈은 중공 당원이라는 점이 부각되었다. 마윈이 당원이라는 점에 외국 언론사들이 주목하여 의아한 일이라는 메시지를 던졌다. 마윈은 자유분방하며 중국 본토에서 자수성가한 성공의 아이콘으로 인식되어 왔기에 공산당원이라는 다소 공식적인 이미지와 간극을 좁히는 데 어려움이 있어 보였다.

그러나 외국 언론사들의 마윈에 대한 보도에 대해 중국 공산당은 몇 가지 논리로 대응했다. 마윈이 당원이 먼저였느냐 아니면 기업가가 먼저였느냐는 것이다. 마윈의 과거 성공담을 보면 그는 대학 재학 당시 항저우 사범학교 학생회 주석은 물론 항저우시 학생연맹 주석에도 당선됐다. 유능한 학생 조직의 리더를 공산당이 당원으로 흡수하지 않을 리 없는 것이다.

마윈의 학우들은 마윈이 대학시절에 입당한 것으로 기억한다. 마윈은 공식 석상에서 자신이 공산당원임을 굳이 밝히지는 않았다. 그가 마음속으로 사업과 성공을 위해 당원이 될 필요가 있다고 생각했는지는 알 수 없다. 분명한 것은 마윈은 창업 전부터 공산당원이었고 창업 후 우수 기업가였다는 것은 시간 순서상 나타나는 사실이다. 공산당은 마윈이 성공했기에 공산당의 신전을 위해 입당시켰다는 것은 비논리적이라는 것을 분명히 했다.

사실 마윈은 자신의 강연에서 당원 신분을 우회적으로 표현하는 일이 있었다. 마윈은 "인생에서 가장 힘들 때 산시(陝西)에 가서 옌안(延安) 혁명 성지를 찾았는데, 거기서 며칠을 고민하여 성공적인 결정을 내렸다."라고 언급한 적이 있다.

중국 공산당은 개혁개방의 열매가 맺히기 위해 일찌감치 공산당원이었던 마윈과 같은 인재의 역할이 컸고 공산당이 마련한 발전 토양에서 그의 성공이 가능했다고 주장하는 것이다. 사실 중국에서 사업을 원활하게 영위하자면 사회 구조적으로 공공기관의 도움을 받아야 할 경우가 많다.

최근 공공연하게 마윈은 에너지, 인공지능, 블록체인, 사물 인터넷 등을 활용해 제조업의 변혁을 돕고 수천만 제조업자들이 미래의 도전에 대처할 수 있도록 돕겠다고 말했다. 중국 중앙개혁개방 40주년 기념사업지도팀 사무실은 마윈을 '저장성 우수 중국 특색 사회주의 사업 건설자'라는 칭호를 부여했다.

마윈과 공산당 가운데에서 어느 편이 더 서로에게 도움이 되는가의 논쟁은 점점 힘을 잃어가고 있다. 공산당이 이미 선언적으로 마윈이 거대 정당 공산당이 이끄는 중화인민공화국 속에서 성공한 기업인 임을 강조하고 있기 때문이다. 중국 공산당의 성공한 기업인들에 대한 태도는 방향성을 가지고 있다. 공산당의 미래 지향점과 일치하는 행보가 곧 발전인 것이다. 사실 민주주의와 사회주의를 정책 추진의 효율성을 기준으로 본다면 사회주의가 더 기민함을 보일 때가 있다. 다만 사회가 유익한 방향으로 나아갈 때만 그 효율성이 빛이 날 것이다.

현재 중국 헌법에는 "중국 각 민족 인민은 중국 공산당의 영도하에 마르크스 레닌주의, 마오쩌둥 사상, 덩샤오핑 이론, 3개 대표론의 인도하에 인민민주주의 독재, 사회주의 노선, 개혁개방을 견지한다."라고 기록되어 있다.

'시진핑 신시대 중국 특색 사회주의 사상'이 중국 공산당 당헌에 이어 헌법에도 명기되어 향후 최고위급 권력 집중 현상이 두드러질 것으로 보인다.

공산당 지휘부에서 추진하는 권력의 집중은 권력의 청렴과 독보적인 리더로서 능력의 극대화를 요구하고 있다.

중국 종교

    빠른 경제성장 속에서 사회주의적 물질 문명의 여파로 인한 영적 공백을 채우려는 중국인이 늘어나고 있다. 중국의 종교는 관리와 통제가 만연한 현실 세계에서 휴식을 위해 찾는 쉼터인지도 모른다. 중국의 헌법은 종교적 신념을 허용하지만, 정부가 승인한 단체만 허용하고 있다. 정부는 불교, 천주교, 도교, 이슬람교, 개신교 등 다섯 가지 종교를 인정한다. 기타의 중국인의 신앙생활은 공식적으로 금지되어 있다. 현실적으로 승인받지 못한 소위 지하 종교단체의 종교인에 대한 통제가 심화되고 있다.

중국은 세계에서 가장 큰 불교도 국가이며 약 2억 명이 믿고 있다. 불교는 인도에서 유래되었지만 중국에서 오랜 역사와 전통을 지니고 있으며 제도화된 종교이다.

미국의 조사 전문기관인 퓨 리서치 센터(Pew Research Center)에 따르면 2012년 중국의 민간 종교는 엄격한 조직 구조가 없으며, 불교와 도교에서 혼합된 방식으로 조상, 영혼 또는 다른 지역 신을 숭배하는 것으로 나타났다. 중국의 전통적 종교적 지지자의 수를 정확하게 측정하기는 어렵지만 신사원 건축과 오래된 사원 복원은 중국의 불교와 민중 신앙의 성장을 의미한다.

중국 헌법 제36조에 의하면 인민들은 "종교적 신념의 자유를 누린다."라고 되어있다. 종교에 대한 차별을 금지하고 국가기관, 공공기관과 개인의 강제에 의해 시민이 특정 신앙을 믿도록 하는 것을 금지하고 있다. 그러나 2018년 국무원은 종교에 대한 새로운 규정을 발표했다. 승인받은 종교단체가 재산을 소유하고 서적을 출판하며 성직자를 양성하는 것을 승인하고 기부금을 징수하도록 허용했다. 그러나 이러한 권리와 함께 정부 규제가 강화되었다. 개정된 규칙에는 종교성 집체교육에 대한 제한, 종교 행사의 개최지와 시간, 온라인 종교 활동에 대한 보고와 통제를 명시하고 있다. 중국 공안 당국은 중국 헌법에 규정된 바와 같이 "공공질서를 혼란 시키거나 시민의 건강을 해치거나 국가의 교육 시스템을 간섭하는" 행위를 막기 위해 등록된 종교 단체와 등록되지 않은 종교 단체를 모두 감시한다.

중국 정부는 왜 종교활동에 대해 예민할까? 그 이유는 두가지이다. 사회주의 정신인 유물론과 반정부적 세력화에 대한 우려이다. 중국 공산당의 종교에 대한 태도를 이해하려면 사회주의 정신의 근간을 이루는 변증법적 유물론에 대한 이해가 필요하다. 마르크스와 엥겔스는 실존을 인간들의 역사적 활동의 성과로서 주목해야 한다고 말했다.

역사의 기초는 물질적 생활의 여러 수단을 생산하는 데 있으며, 이 생산에서 여러 가지 사회적 관계가 만들어지고 새로운 욕구가 생긴다. 이와 같은 물질적 생활을 영위하고 있는 인간이 여러 가지 관념 및 표상, 의식을 만들어내는 것이다. 이 의식의 산출은 최초에는 직접 인간의 물질적 생산과 물질적 교통이라고 하는 현실 생활에서 나타난다. 따라서 인간의 사고와 정신적 교류는 그들의 물질적 활동과 결부되어 있다. 따라서 '의식이 생활을 규정하는 것이 아니라 생활이 의식을 규정한다'라고 한 것이다.

다시 말하자면 눈에 보이지 않고 손에 잡히지 않는 종교와 물질발전 중심의 마르크시즘은 서로 대척점에서 부딪히는 것이다. 따라서 종교를 하자면 그 종교활동을 사회주의 발전을 위한 정부에 대한 믿음과 애국적 기도 안에 묶어두려는 것이 중국의 종교정책이다. 만약 한치라도 정부 비판이나 세력화 조짐이 보인다면 척결대상이 되는 것이다. 그래서 중국 정부는 종교에 대한 관리를 엄중하게 진행하고 있다.

공산당이 종교에 대해 예민한 또 하나의 이유는 반국가적인 세력화이다. 중국의 역사에는 종교단체가 나라를 바꾼 사례가 많다. 백련교(白蓮敎)는 도교와 불교에서 기원한 중국 민간 종교이다. 위키백과에 따르면, 백련교는 특히 여성과 가난한 이들에게 크게 유행했는데 그 교리는 한 여인이 있어 그녀의 자식을 천년왕국이 도래할 때 하나의 가족으로 모은다는 것으로 불교의 미륵사상과 민간신앙이 혼합된 사상이다. 당시 탄압을 받아서 비밀결사 형태로 존재했다.

백련교는 중국 역사에서 두 번 큰 역할을 하는데 첫 번째는

14세기 원나라가 망하고 명나라가 세워질 때 이른바 홍건적의 난의 사상적 기원이 되었다. 명의 태조 주원장도 백련교도로 출발하여 중국을 통일하고 명을 세웠다. 두 번째는 18세기 말 청나라에서 일어난 무장반란인데 이때도 이민족인 만주족의 지배에 대항하여 한족을 중심으로 저항해 청나라의 쇠퇴에 큰 영향을 미쳤다. 이후에도 백련교도는 여러 차례 청나라에 반대하는 비밀결사로 조직되었고 나중에 의화단의 모태가 되기도 하였다.

현대에 와서는 중국에서 시작한 기공 수련의 하나인 파룬공이 있다. 다음백과에 따르면 파룬공은 지린성의 리훙즈가 창시하였다. 불가와 도가의 사상을 바탕으로 선사 문화를 덧붙였으며 심성을 기르고 인간의 건강 향상을 목적으로 하는 심신수련법이라고 한다. 파룬궁 수련자는 우주의 최고 특성인 진(眞), 선(善), 인(忍)에 따라 수련하며 이를 통해 도(道)를 얻고 원만을 이루려 한다. 한편, 중국 정부는 파룬궁을 사교(邪敎)로 규정하여 지도부를 검거하고 수련자를 구금하는 등 강경하게 대처해 왔다.

1999년 4월 25일 1만 명 이상의 리훙즈 추종자는 정부가 파룬다파를 '미신 숭배'라고 비난한 데 항의하며 시위를 벌였다.

장쩌민(江澤民) 중국 국가주석은 파룬궁 수련자가 정부 전복을 꾀하고 있다고 선포하고 리훙즈의 체포 영장을 발부하는 한편, 추종자 수천 명을 구금했다. 구금자 중에는 중국 공산당의 고위 관리도 포함되어 있었다.

중국 정부는 신흥종교, 기독교, 이슬람교를 중심으로 엄격하게 통제하고 있다. 기독교의 경우 청나라 아편전쟁의 배후에 선교사가 있었다는 것이 역사적인 거부감으로 자리 잡고 있다. 특히 한국 선교사의 경우 탈북자를 지원하고 자국민 대상 전도를 공격적으로 하기 때문에 추방 대상이 되고 있다. 이슬람교는 서북지방의 민족독립과 연관되고 테러 집단과 연계 발전할 가능성 등으로 감시하고 있다. 연합뉴스에 따르면 중국 당국은 개신교와 가톨릭을 대상으로 한 '종교의 중국화' 정책도 추진하고 있다. 중국 공산당은 당국의 공인을 받지 않은 개신교 '지하교회(일명 가정교회)'를 강제 폐쇄한 바 있다. 중국 당국은 '기독교의 중국화'를 위해 성서 번역에도 개입하고 있으며. 이로 인해 '성서의 왜곡'이 우려된다는 지적도 나온다.

시진핑 정부의 중국은 종교관리가 엄격한 상황이다. 종교의 본질은 탄압 속에서 성장하는 것이어서 정부의 억압정책의 결과에 대해 우려의 목소리가 높다. 동방번개와 같은 특출한(?) 주장을 갖고 있는 신흥종교도 나타나 많은 신도를 자랑하고 있다.

2018년 2월 신종교사무조례가 발효된 이후 중국 공산당은 정부가 통제하는 삼자교회를 더 엄격하게 관리해 감시와 신상 정보 검사를 강화했으며 교회 재정을 포괄적으로 통제하기 위해 금융 규제 정책을 시행했다.

삼자교회(三自敎会)는 삼자애국교회라고도 한다. 이는 중국 정부와 공산당의 지도와 영도를 받는 교회를 지칭한다. 삼자는 자치(自治), 자양(自养), 자전(自传)을 모토로 외국 교회의 영향 아래 있지 않는 교회를 의미한다. 한마디로 중국 유일의 합법적인 교회이며 중화인민공화국 성립 이전에 설립된 단체들은 인정하지 않고 있다. 그 외 어떤 형식의 교회도 불법으로 규정하고 있다.

인류 역사를 보면 종교와 정치는 연합과 대립을 거듭해 왔다. 양자가 모두 국민의 삶의 질을 높이는 공동의 목적이 있다. 종교는 영적 만족을 추구하고 정치는 물질적 만족을 추구한다. 양자는 고유의 영역이 있기 때문에 서로 침범하면 갈등

후통(胡同)

이 생긴다. 종교가 정치에 간여해도 그렇고 정치가 종교에 간여해도 그렇다. 본질적인 문제에 대한 경계선을 명확히 하지 않으면 문제를 일으킨다.

인간은 물질로만 사는 존재가 아니므로 영성을 추구한다. 영성의 높은 수준은 물질세계를 초월하기 때문에 종교와 정치가 대결하면 정치가 이길 수 없다. 신은 인간의 통제 대상이 아니고 믿음은 반복적 학습으로 되는 것이 아니므로 종교를 정치 아래 두려는 시도는 문제가 있다. 역사적으로 현명한 정치 지도자는 이 사실을 간파하고 국가 통치를 위해 종교지도자의 협조를 구했다. 그 반대로 탄압으로 일관한 나라는 종국에는 민심이 교란되고 결국 파국을 맞는 사례가 많았다.

예를 들어, 정치와 종교가 잘 연합된 나라가 미국이다. 정치와 종교 사이의 갈등이 심한 나라가 중국이다. 미국은 가장 종교적이고 가장 세속적인 나라라고 할 수 있으며 정치와 종교의 타협이 잘 이루어진 나라 중의 하나이다.

미국 제1 헌법 수정안에는 교회와 국가의 분리 원칙이 있다. 그럼에도 불구하고 현실에서는 정치와 종교의 관계는 밀접하다. 미국민의 의식에는 미국이 신의 섭리 가운데서 작동되고 있다고 믿고 있으며 신이 선택한 나라로 믿고 있다. 미국민은 기본적으로 신의 축복을 받기 위해 종교 아래서 공동체 생활을 해야 함을 강조한다. 나아가서 기독교인들이 미국의 비기독교인들을 계도하려는 시도가 있었다. 이는 더욱 발전하여 선교회 설립을 통해 해외 전도활동을 촉진하게 되었다.

한편으로 유대인이 중심이 되어 새로운 이스라엘 세계로서 미국을 인식하는 팍스 아메리카나(Pax Americana)가 나타나기도 하였다. 이는 미국 중심의 패권주의를 정당화하는 근원이 되고 있다. 이러한 패권주의는 종교적 계도를 품고 있기 때문에 다른 나라에 거부감을 주기도 한다.

물론 미국은 이슬람교 등 이민족 국가로서 다양한 종교활동의 자유를 보장한다. 종교와 정치의 조화와 연합의 정신이 사회 전반에 깔려 있다.

미국은 신앙을 축복과 연결하며 중국은 종교를 사회불안 요인의 하나로 관리대상으로 인식하고 있다. 중국이 종교 문제에 대한 긍정적 인식 전환과 정당한 신앙의 자유를 보장하지 못한다면 늘 종교의 반정부적인 세력화 위험이 발생할 수 있다.

후진타오 정부 때 자주 말했던 국민의 화목이 '허시에(和谐)'라는 고속철도의 이름만으로 달성될 수는 없기 때문이다. 중국의 안정적 장기 발전을 위해 물질세계는 빈부격차의 축소, 정신세계에서는 신앙의 자유 보장이 필요하다.

중국 공산당은 태생적으로 그리고 공식적으로 무신론을 지향한다. 공산당은 공식적으로 당원이 모든 종교행사에서 참석하지 않도록 금지하고 있다. 당과 종교적 신념이 양립할 수 없으며 공산당원이 종교의식에 공개적으로 참여하는 것을 막고 있는 것이다. 이러한 규정이 항상 엄격하게 시행되는 것은 아니지만 당사자는 정기적으로 종교에 대한 명확한 견해를 밝혀야 한다. 2017년에 공산당은 공식 문건을 통해 공산당원에게 종교를 "정신적 마취"로 규정하고 종교를 실패자의 퇴로라고 하며 당원의 종교활동에 대해 경고했다. 그러나 이런 종교적 자유에 대한 탄압이 거세질수록 종교는 더욱 확산되는 본질을 가지고 있다. 중국 대도시 아파트촌에서는 아침저녁으로 심심찮게 성경을 보는 주민이 드물게 눈에 띈다.

수년 전에 나는 중국의 한 대학에 파견근무를 나간 적이 있다. 사실 유학생활을 북경에서 고생하며 했던 터라 파견 권유를 듣고 다시 북경에 나가는 것이 나에게는 썩 반갑지 않았다. 베이징의 아파트에서 생활하며 아침에는 조깅을 습관적으로 하곤 했다. 어느 날 아침 여느 때와 마찬가지로 수로를 따라 조깅을 했는데 그날은 어떤 마음에 이끌리어 좀 더 먼 거리를 달렸다. 도시의 작은 공원에 이르니 한편에 임신한 부인이 앉아 있고 남편으로 보이는 이가 곁에 서서 성경을 읽고 있었다. 호기심에 다가가 머뭇거리다가 한마디 건넸다.

"당신이 지금 읽고 있는 성경을 이해하느냐?(사도행전 8장 30절에서 빌립이 에티오피아 내시에게 물은 말이다)"

성경을 보고 있던 그 남편은 "읽다 보면 이해하게 될 것입니다."라고 답했다.

현재 중국 사회는 경제성장과 함께 한편으로 물질 만능의 자본주의 병폐가 만연하고 있다. 중국 청소년들의 건전한 성장과 사회 안정을 위해 거시적 안목에서 국민의 신앙생활에 대한 보다 관대한 배려가 필요한 때이다.